小學生年度學習行事曆

班級經營 教學備課 親師溝通

一本搞定！

林怡辰 著

目次

Part 2 學校活動的教育目的

Part 3

影響一生的學習習慣

Part 4

跨越時間的限制

推薦序

一本能幫助老師班級脫胎換骨的寶典

線上學習平台PaGamO、
實驗教育無界塾創辦人　葉丙成

這是一本很厲害的書，能夠幫老師的班級徹頭徹尾改變的那種厲害。

從七年前翻轉教育的浪潮開始，台灣有許多優秀的老師把自己的教學方法著書立論跟大家分享。老師只要有心，全台灣整年到頭有許多教學研習可以參加，可以聽到許多知名老師的演講，也能見識到各種厲害的教學方法。但往往當老師們在研習時深受啟發、充滿雄心壯志要做改變時，一回到學校，當面對班上各種柴米油鹽醬醋茶大大小小的議題，才發現要跨出第一步，真的好難！因為要帶好一個班級，不是只有增進自己的教學法就可以，還有好多好多層面要處理……雄心壯志，頓時餒了。

一直以來，我對於怡辰的教學非常讚嘆。長期在農村偏鄉學校耕耘的她，總能建立班上許多孩子的強烈學習動機。舉個例子：在她任教的這樣一個偏鄉小校班上，竟然有近十個孩子主動報名參加英語演講比賽，願意為自己不拿手的英文演講每天努力練習。對許多了解偏鄉教育現況的人來說，這是多麼難能可貴的事！長年以來教育現場的一種論點，多認為鄉下孩子相較於都會區的孩子，學習動機是比較弱的，但怡辰卻總能把孩子們的學習動能帶起來。這些年來，我一直很想知道，她到底是怎麼做到的？

當我看完怡辰這本書，我非常驚艷，因為我終於知道她是怎麼做到的了！

怡辰把她帶班的所有方法，以搭配學期時序的方式，很有條理地全部整理出來、分享給大家，當中包括：從開學前怎麼跟家長訪談、學期中怎麼幫助孩子訂定複習計畫，到怎麼養成孩子的好習慣、學期到了三分之二時，孩子們開始疲乏了該怎麼辦，運動會與校外教學可以怎麼籌劃，讓孩子收穫更多、怎麼培養孩子的成長型思維、怎麼引導孩子參加比賽而且從中收穫滿滿，到老師該怎麼療癒自己的心……

這本書涵蓋了一個老師帶班的所有大大小小面向，真是老師的寶典！只要照著書中時序一步步地做，就能幫助老師帶班更成功。過去老師們聽完許多教學演講，想改變卻不知從何下手；現在終於有明確的方向可以讓每一位老師依循，真的是功德無量！

最棒的是，這本書不是只是寫給老師們看的，也是寫給孩子的爸媽們看的。

過去常有家長因為不了解老師的教學跟帶班策略，所以心中常會生出疑問，甚至會出現親師溝通的鴻溝。單從家長的角度，實在很難了解老師帶班的種種措施其背後用意為何。有的家長甚至會認為：「不過就是教小孩嘛，是有那麼難嗎？」因而輕忽了老師在帶班的種種努力。這本書幾乎在每一篇文章的最後，都有給家長的建議與提醒。家長看了這本書後，就能了解老師要把班級帶好、幫孩子養成學習動機跟自學能力，是多麼不容易的挑戰。在了解過後，家長更可以知道該如何配合老師的努力，讓自己的孩子學習能更進步。

最後我想指出的是，我認為怡辰這本書有兩個很重要的意義：一方面是從帶班的方方面面切入，讓老師有清楚的做法與策略可依循。另一方面更重要的是，我們看到孩子的學習動機是可以帶起來的。過去被大家認為有些孩子就是沒有學習動機的既定印象，是可以被打破的；關鍵就在於老師是否能有效養成孩子的成長型思維與恆毅力。如今，有了這本書教我們怎麼做到，我們再也沒有放棄努力的理由了！

這是一本能有效幫助老師的班級徹頭徹尾改變的書。我衷心期盼這本書的問世，能夠幫助更多有心的老師帶班更順利、更有成就感，也讓更多孩子能學得更好！

推薦序

攜手，讓「我們的」孩子更好

資深國小教師、金鼎獎作家　王文華

認識怡辰老師很久了，雖然她的年紀比我小很多很多，但早在她經營部落格時代，「林怡辰」三個字就是那種在網路上搜尋資料時，時常會跳進頁碼最前端的名字。

後來有幸，聽過幾場怡辰老師的講座，認識她口中那熱熱鬧鬧的「大家庭」。這年代誰會想要生三個孩子呢？但她做到了哦，課堂上是熱血的好老師，回家是孩子的好媽媽，然後她還會無私地分享，把自己的課堂法寶，精采重現。

現在有幸，我們可以從她最新的著作《小學生年度學習行事曆》裡，獲取她的私房經驗傳授。

這是一本菜鳥老師的實用手記。在師範院校，沒開這麼詳實的一堂課；這也是資深老師的實戰練功祕笈。很多時候，我們都以為自己什麼都會了，經驗值是最好的盾牌，但魔鬼藏在細節裡，看看這本書，用經驗值提升能力值。

書裡有很多實務分享，像是安排不同的學習作業，怎樣委婉又堅定的跟家長溝通，如何與不同個性的孩子溝通，怎樣找到資源讓孩子學習更有成效等等。怡辰老師都幫大家備妥，準備好好的藏在書裡。

書裡也有讓人超級窩心的表格，這些都是怡辰老師的私房攻略。當老師三十年如我，看了這些表格，都有些汗顏。怡辰老師在很多小細節裡面面俱到，像是電訪家長、幹部工作安排與輪值等等，老師們可以當成參考座標，再根據自己的需要，調整成最好的班級經營方針。相信老師們有了這麼好用的工具加持，瞬間都能變成戰鬥力爆表的新時代熱血良師啊！

除了是老師們的教室經營必參良方外，這本書其實也很適合給家長們看哦！家長再也不必站在課堂外頭看熱鬧，而是可以從與老師們的相處與互動裡，漸漸看懂門道。

首先，家長們看完這本書就會知道，原來老師們開學會先電訪，原來老師們會出什麼樣的家庭功課，它們又具有什麼功效；原來老師們的教室布置對孩子的「境教」影響有多深遠等等。

再來，全書安排其實有一個主要脈絡，是照著孩子進學校的學習日常安排做架構，您只要照著書裡的結構走，孩子該寫作業時，怡辰老師教您怎麼陪伴與指導；段考到了，您可以當個優雅的爸媽，不慌也不忙；孩子的作文不會寫、數學不會算……嗯，這些真實發生在孩子身上的各式各樣狀況，怡辰老師都照顧到了，您只要跟著書裡的方法，調整成適合自己的方法。

沒錯，她是老師，更是媽媽。您會遇到的狀況，絕對不會比她多，她尚且能處理得遊刃有餘，那麼您不妨照著書裡的方法試試看吧！既然老師們的職責是「教好我們的小孩」，那「我們自己更該在家仿效這樣的教法」啊！

從身教開始，以身作則，熱愛閱讀，保持好奇心；

從境教著手，打造一個書香環境。從關心孩子的友伴，創造一個優良的朋友圈；

從家庭著手，給孩子一個溫暖安全的避風港。

透過親、師、生相互合作，攜手讓「我們的孩子」變得更好。

推薦序

一本造福天下親師的教育工具書

教養／繪本作家　張美蘭（小熊媽）

看完怡辰老師寫的這本新書，心中充滿滿滿的遺憾與感動。

遺憾什麼呢？遺憾我的孩子不在怡辰老師教導的這一班，如果能夠被如此用心的老師教導，是多麼幸運的一件事啊！

感動的是，這是一本每位小學老師都該讀的寶典，怡辰老師如此不藏私地把壓箱寶都整理出來，可以預見必定嘉惠許多孩子。

記得我家小熊曾遇過一位老師，也像怡辰老師書內描述的，在開學前打了訪談電話，態度十分熱忱，班親會時也講得面面俱到，可是學期進行中的表現卻荒腔走板！聯絡簿永遠只蓋個章了事，問問題永遠得不到回應；教學隨便，教室內沒有用心的布置，還三天兩頭請各種假，結果是：全班秩序大亂！老師一請假，學生們就失控，家長還要輪流在教室門口站崗才能乖乖上課，真是家長的噩夢！

反觀怡辰老師這本書，詳細記載全學期的各種行事，細膩又清晰，同時提供各種實用的建議做法，包括：如何做開學前的收心操？如何做好班級的布置？如何布置班級的閱讀角？如何給孩子一個自學工作區？這些全都是怡辰老師用心的實戰演練成果，絕不是空口白話而已。甚至連家長如何為孩子營造家中閱讀與學習的環境？怡辰老師都有貼心的指導。

我特別喜歡怡辰老師在書中提到「生活處處可備課」這個觀念。現代的孩子有些學科能力很好，但是生活自理能力卻常常不及格。其實生活中有許多智慧，都等待家長與老師傳授給孩子，這些偏偏也不是紙筆測驗可以達成的。

比如說：如何用大同電鍋煮飯煮菜？煮乾飯、煮稀飯或糙米飯有何差別？曬衣服、折衣服的程序與方法為何？如何製作簡單的雞蛋料理？生活中處處有科學、處處有智慧，所以怡辰老師的理念，我十分佩服。

書中也提到，該不該幫孩子報安親班？怡辰老師的理念和我十分接近，那就是教育不能完全外包！她也提醒我們：今天家長偷懶，明日還是要付出代價的。家庭教育不能用金錢轉嫁給別人處理，如果在自己能力所及的範圍，我還是建議：盡量多用心陪伴孩子，把你的價值觀、人生觀傳遞給孩子，同時親子一起成長。至於詳細的做法，請一定要讀讀書中怡辰老師的闡述。

我也十分同意怡辰老師提出參加比賽對孩子的意義，只要參加比賽是出自孩子自願，而不是被逼迫的，那麼比賽一定會讓孩子在技巧和毅力上有所長進。不論是球類運動、音樂或美術賽事，只要孩子有意願，我都樂見其成鼓勵他們參加。此點怡辰老師寫得十分清楚，真是英雌所見略同啊！（笑）

記得每次孩子在分班前的幾個晚上，我與幾個家長都說，要虔誠的祈禱，因為遇到一個好老師，真的可以改變孩子的一生！（但反之亦然）

我十分推薦這本書，更建議所有的家長與老師都該仔細閱讀，這樣一定會造福更多的孩子、家庭，甚至於整個社會。感謝怡辰老師寫了這本好書。

自序

讓教養穿越時空，看見現下真正的價值

時間，是人生最珍貴且公平的資產。上天在每個人的時間帳戶裡存入每天八萬六千四百秒、每週一百六十八個小時，不管你如何使用，最終還是會歸零，又重新來過。人生何其短暫，時間不停流逝，我們既然無法操控時間，只能管理自己，認真思考並做出選擇，決定究竟該把時間花在哪些珍視的價值上。

凡世上珍貴事物，不管是意義、健康、關係、事業、金錢等，想要追求就得花上時間成本，時間花在哪兒，成就就在哪兒。而相信對於拿起這本書的你來說，想必贊同「任何成功，都彌補不了家庭的失敗」。

孩子是我們生命的延伸，更是我們一生的至寶。身為師長的我們，究竟該怎麼樣花時間陪伴孩子、教養孩子呢？身為師長的我們，是否可以看穿時間的謊言，知道人們常寄望一年有大收穫，卻低估一日的時間？我們除了做對選擇外，如何能夠長久堅持，最後獲得長時間的真價值？

教養，就像一場不跟別人比較的馬拉松。首先必須選擇正確目標，將目光投注於遙遠的彼端，以遠見洞悉未來樣貌，進而產生堅定信念。過程中要耐得住寂寞與內心交戰，不為外界干擾迷惑。在這場馬拉松中，無須急著起跑時便開始衝刺，無須因落後他人而感到心慌，盲從別人的方向與速度，只會讓自己在事後感到後悔。嚴守配速、時時調整思考，在不斷挑戰自己的過程中成長，讓汗水在時間中凝聚成真價值。最終，抵達自己想要的彼岸，用愛和智慧，讓孩子成為他自己，然後安心地目送孩子遠去。

我常想：教育是如此緩慢，又如此長遠，身為師長的我們，到底該怎麼做出現下的選擇？如果有一天，我們可以穿越時空，看到現下微小差距將在未來帶來多麼巨大的影響，再穿越回來當下，是否會讓我們重新思考教養上的所作所為？若能將眼光放遠，我們就更能勇敢堅持初心、實踐信念，帶來想要的價值。在教養的過程中，我們先成為更好的人，同時讓孩子活出他自己的意義，雙雙無悔一生，那該多好？

用時間軸，看見孩子成長的脈絡

我在《從讀到寫：林怡辰的閱讀教育》一書中，透過書中巨觀視角，呈現多年來我在教育現場、在孩子身上的觀察與省思。這本書自出版以來，收到許多教師、家長，甚至醫師、律師、企業家等來自社會各界的熱情回饋。

然而無論是如何高遠的教育信念，仍需要回到每天的方格中踏實地實行。因此在本書中，我將透過微觀的角度，從孩子一學年的時間軸脈絡中，整理出對教師與家長真正有幫助的細節，陪伴讀者重新看待「學習」這件事，並呈現在孩子的每個重要學習時間點上，親師可以採行的具體做法。

藉由本書的時間軸架構，我們將一同鳥瞰孩子在一個個學年中，周而復始的學習歷程，希望能夠：

一、帶領教師建立帶班架構和規律，讓新手教師可以有跡可循，讓中生代教師可以參考激盪、不斷發展新的教學模式。從學期中各時間點的定位出發，透過各篇內容間的發展連結，看見由點和點連成無形的班級經營之線，最終構成堅實完整的教育實踐之面。

二、協助家長看見孩子成長的脈絡及挑戰，看見孩子未來的方向，給予協助和支持。

更希望協助親師互相理解、合作，藉此不斷的反思、倒帶、快轉，來澄清最重要的初心及方向，共同思考：教師和家長當下可以做的有哪些？

三、最後，讓我們一同以終為始、踏踏實實、不慌不忙的陪伴孩子前進，讓孩子得以逐漸自立、自學，最終可以安心放手讓孩子盡情揮灑自己的生命光采。

本書架構

本書共分為四部。

第一部「**一學年的行事曆**」，首先協助師長度過一年最兵荒馬亂的開學季。從開學前的各項準備、建立長期的親師關係、為孩子規劃一個良好的學習環境、一週到一個月需慎始等。而透過考試前後培養孩子計劃思考的能力，讓孩子逐漸脫離每日功課的制限，在時間中自由。也會談到師長如何善用寒暑假，讓孩子逐步養成良好的學習態度及習慣，建立自學能力等。

第二部「**學校活動的教育目的**」則回歸教育初衷，看見學校例行活動背後原本的教育意義，不被速成、速效、表面成果等表象誤導而走偏了方向，更能在各式活動中看見比成績更重要的事。

第三部「**影響一生的學習習慣**」，是我最想獻給世界的禮物。長期且重要的價值來自靜水流深，或許一時一刻看不出來，但最後可以逆轉和長效，都是從微小地方堅持的翻轉。這部最不好寫、不好讀、不好實施、不好堅持，是最重要卻不緊急，甚至常常被忽略，但卻是教育最重要的價值所在。從開始、一點點再加上持續性堅持，你會驚訝地發現，當方向正確，時間竟然會愈來愈多。

最後，在「**跨越時間的限制**」這一部，說明如何善用各種紀錄，例如手帳、照片、影音、臉書、部落格等，來跨越時間的障眼法。就像一般投資理財類書籍告訴你要記帳，教導時間規劃類書籍會鼓勵你記錄下時間分配及事情緩急的優先順序，教育孩子也是一樣的道理。記錄會帶來真實、帶來信心、帶來成就感，帶你穿越時空，看見來時路。剛開始，記錄會花上你許多的時間，但堅持執行過後，在時間的醞釀下，將會為你帶來複利的力量。

只是，教育往往沒有標準答案，教育的內涵更涉及各種複雜的人、事、時、地、物，在不同地區、年齡、屬性與心理狀態，都有不一樣的思考。因此，我絕對不希望這本書是一個標準答案，需要讀者全盤接收，事實上，就連我在面對不同孩子時，也都有不一樣的思考模式和做法。這本書像是一顆石頭，希望激起漣漪，讓更多思考和想像進駐。

寫下這些，希望拋出更多的激盪，透過「小小時光機」的概念，提供師長搭乘時光機快轉到未來，看看孩子可能會遭遇到哪些挑戰？再搭乘時光機慢速回到過去，思考孩子過去經歷了哪些？回到當下，讀者可以從中選擇或是拾取符合自己教育觀的段落，修改或激盪出新的想法、創作成自己的教育觀；只要方向一樣，做法可以有千萬百萬種。

對於總是用文字不斷記錄過去、思考當下、穿越時空的我，這是一本一直以來我很想寫下的書。整本書循著許多教育前輩的心血前進，特別選在二〇二〇年這時出版，在這個不安、沉澱、靜止的時間點，對於看待孩子和未來格外具有意義。希望以這本書，讓師長放眼未來，但安心當下，有所獲。

本書使用說明

寫給教師們：

謝謝你願意花時間閱讀這本書，你可以先細讀自序，了解本書在時間軸編排上的邏輯，看見教育上的時間點、連續性與累積性，然後做出當下的抉擇。

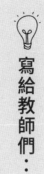

接著，你可以從目錄看見一學年的各個時間點，並逐一閱讀。閱讀後，建議可以準備一本自己的行事曆或工作手帳，從離自己最近的時間點開始，可能是開學、開學後一個月等，先回想過去的做法以及將要採行的做法，兩相對照之後，再做增添或刪減，最終轉變成你自己的教學風格。

別冊裡附有許多表格，可自行下載後修改成自己的版本。每個學校的風格有所不同，有些表格會因為你的修改更發揮妙用，有些表格則可能暫時沒有發揮之處。總之，別為表格而表格，重要的是你眼前的孩子和家長。

寫給家長們：

謝謝你願意花時間閱讀這本書，希望你先細讀自序，了解一學年的時間軸思考脈絡。你陪伴孩子的時間比教師還長得多，更需要看見時間積累下的力量，做對選擇、長期堅持。

接著你可以在目錄上找一個時間點，讀讀教師的部分，了解孩子在學校的情況；讀讀「家長看過來」，把每個主題當成和孩子深度對話的內容，進而思考：身為家長該如何配合學校行事曆，然後予以深化。

每個老師都有各自獨特的教學風格，這些都是孩子成長的養分。切記！沒有最好的老師，只有在家長與老師的攜手合作下，才能找到「最適合的老師」。因此，請千萬不要用這本書去要求孩子的老師改變教學風格，不同的風格、不同的做法，都有不一樣的考量，看見不同做法背後的用心，最後的目標都是一致的。

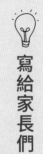

書裡這麼多建議，我都要做到、且每天做嗎？

當然……不是啊！有時比較忙、有時比較累，休息一下，改成一週一次或假日執行，都好！人不是機器，怎能一絲不苟？重要的是，先照顧好自己，持續在心裡有個目的地，好好以欣賞自己代替苛責自己。每次只要改變一個點就好，這次比上次進步就好！

「真相是時間的女兒」。努力有恆的人，路再遠，只要去，必到達！那些質疑、汗水、信念、生命……只要方向對，一步一步往前走，將會走成理解、走出收成、信念凝聚成價值，生命充滿意義。最後，讓我們和孩子一起，收到時間送的禮物。

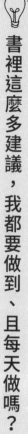

Part 1

07

一學年的行事曆

08

一年四季，
總有那些讓教師和家長感覺晴天霹靂的日子！
用規律的學習週期，
自然而然啟動孩子的學習長路。

09

01

開學前：收心

從假期模式轉換到上學模式

TEST

做好準備，
對開學充滿期待和儀式感！

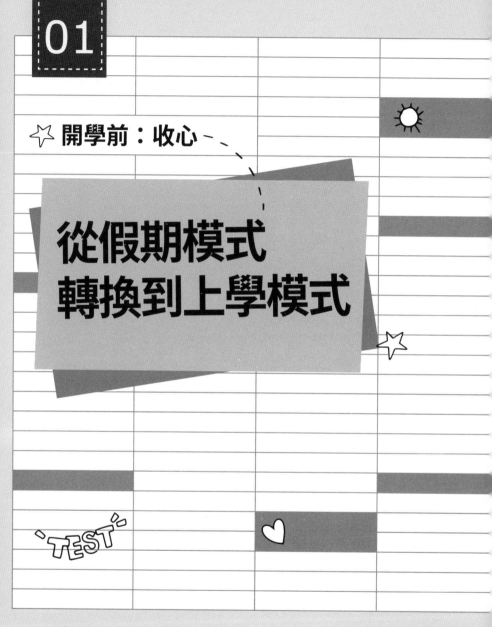

01

memo

開學前
收心

開學之際，風雨欲來。

漫長的假期終於步入尾聲，隨之而來的，是緊鑼密鼓的開學備戰狀態。對教師而言，可能因新生入學、更換導師，而需要帶領新班級、接觸一批全新的學生與家長，也可能正準備帶領原班孩子進入全新的學習階段。對家長來說，開學象徵要開始煩惱該如何讓孩子收心、適應新的老師、同學和新的課業。總之，「開學」往往是師長們心目中最大的挑戰。

其實焦慮往往是因為害怕，不知道要做什麼來面對眼前的挑戰。

接下來，我們透過幾篇開學前的準備事項，詳細介紹在這個重要的時刻，師長們該如何做好準備。凡事豫則立，有好的計畫將會是成功的第一步。

電訪家長，建立良好溝通第一步

教師帶領班級，最大的挑戰都在「人」身上。不管是面對學生或是家長，只要能夠好好溝通與合作，接下來的學習之旅就會勝任愉快。有些教師會事先打電話或寄信給家長，有些則是略過這些事前準備，等到開學後再相見歡。不管選擇何者都沒有標準答案，只要教師清楚知道自己的理由即可。

我自己則是習慣在開學日前幾天晚上，親自和家長以電話聯絡，一來提醒家長即將開學，二來則是與家長建立一點熟悉感，使開學後孩子的學習更能順利推展。至於致電時機，通常我會選擇在開學週，因為若太早聯絡，孩子仍在放暑假；太晚聯絡，開學事項繁瑣，徒增教師焦慮，也無法事先做好各項準備。

一般來說，致電給家長前後，我會做以下幾件事：

備好表格

首先，我會準備一張大表格（見別冊：開學前電訪紀錄表），從之前由導師、輔導室、輔導及學籍資料的紀錄中，先大概了解孩子的基本資料。然後在大表格內填寫孩子的相關資料，例如：主要聯絡家長與接送人、家長與學生身分（低收、中低收、清寒等特殊狀況，協助申請補助用）、兄弟姊妹姓名與班級、學生身體健康及特殊狀況、父母工作職業別、課輔及安親班資訊（參加與否及聯絡電話）、參加社團等。

重要的是留意孩子的特殊身體狀況，若班上孩子患有氣喘、癲癇、蠶豆症、心臟病等疾病，教師要格外留意，也要通知各科任教師及校方相關人員共同注意。而前導師口中有特殊要求的家長，也可以透過表格掌握情況，注意聯絡時的說話方式。

但閱讀完這些資料後，教師請先放在心裡，因為每個教師對孩子的解讀不一，孩子也會隨著時間的變化而不斷成長，也許實際接觸之後發現，孩子和資料表上描述得全然不一樣。

電訪內容

一般常見的電訪方式的開頭為：

「喂，您好，請問是○○（學童名）家嗎？我是新學年的老師。請問孩子平時

的作業或是簽聯絡簿主要由哪位家長負責？可以請家長接聽嗎？

你好，我是○○的老師，即將開學，打個電話關心一下○○。請問孩子在學校有沒有需要我特別注意的地方？○○之前的老師說他的學習表現……（盡量以之前老師提及的優點為主），您有沒有要補充的？」

教師在電話中還可以詢問家長哪些內容？以下是我的建議：

★平日孩子的在家表現與生活作息。例如：就寢時間、看電視或打電動習慣、回家是否先寫作業、寫作業時間等。

★身體健康注意事項。除了針對過去紀錄中特別的健康狀況做詢問，也要再次向家長確認孩子目前的健康狀態。

★詢問家長是否讓孩子參加安親、補習或課後輔導的考量，其間多讓家長聊聊孩子的事情，不作任何評論。

★孩子以往在校需注意事項。例如：是否偏食、人際關係狀況、性格內外向、特殊才藝等。教師在資料中有任何疑問也都可趁此機會詢問。

★詢問家長的工作職業別，順帶技巧性詢問家庭經濟狀況、是否具備特殊身分等，可為之後協助申請學費補助及獎學金，或是了解放學接送狀況做準備。

基本上，電訪中的詢問是以開學最緊急的事項為優先，或是孩子可能到了學校卻說不清楚、講不明白的地方（例如：家庭的經濟狀況），以及開學後馬上就要統計資訊的類別（例如：是否要參加課輔和社團）為優先考量。通常電話聊天時，家長如果感受到老師的熱情，話匣子就會停不了，此時親師彼此可視情況做延伸或結束。

最後，請家長隨時保持聯絡：

「如果有沒有注意到的地方，再麻煩您在聯絡簿上告訴我，我們隨時保持聯絡。接下來就請多多指教，相信在親師合作之下，孩子會愈來愈進步！」

等全班家長聯繫過一輪後，教師就會覺得開學事項已經做了一大半，對於學生和家長的恐懼，也從抽象的想像到有具體的形象，恐懼就自然消解一半，開學其他事項就可以在此基礎上快速進行了。

建立親師信任感的祕訣

等開學後幾天，教師可針對家長提到需多加注意之處來觀察孩子，例如：學業、字體、動作、上課發表、午餐、偏食、人際、有趣的小事，並馬上回饋給家長，讓家長知道之前和老師溝通的事項，老師都放在心裡，家長會感到特別安心。通常會建議先從正面回饋孩子行為，再適時說明觀察到一些較需注意的地方，並詢問家長之前孩子是否也發生類似情況，可以怎麼協助？不過，因為親師雙方還不熟悉，所以盡量讓家長發言，也藉此機會了解家長的教育觀，千萬不要太快下指導棋。

想特別提醒一點，以我的經驗來看，親師聯繫最好的時機是放學時，趁家長接送孩子時親師面對面溝通，其次才是以電話聯繫。千萬別用聯絡簿溝通孩子的負面行為，原因不僅在於文字會有局限，容易產生誤會，而且負面評價會一直留在聯絡簿上直到學期末，即使要用聯絡簿溝通，也請儘量以呈現孩子的正向行為為主。

如此，和家長的第一次接觸就畫下安心的句點。等到開學時，再發下更詳細的調查表（見別冊：家庭狀況調查表）來了解孩子在家狀況。接下來，時時對孩子保持關注和適時聯繫家長即可。

家長看過來

四招「開學收心操」，克服開學症候群！

度過漫漫假期，孩子的心思和作息如果已經亂七八糟，就需要先收心。家長在假期中除了為孩子安排過癮的放電，協助孩子按照計劃完成作業外，隨著假期的收尾，不妨進行以下活動，協助孩子盡快進入規律的學校作息。

◆先回顧假期的回憶

家長不妨和孩子一同整理與回顧漫長的假期，想一想自己如何運用與規劃假期時間？留下哪些難忘的回憶？這樣的檢討正是幫助孩子反思的好時機，讓孩子不用等到下次假期來臨時，才開始思考規劃之道。透過一次又一次不斷的調整與學習，孩子就不會掉入開學前才拚命趕作業的噩夢中，或是陷入覺得什麼都沒做、馬上又要開學的憂傷裡。

家中若有年紀較大的孩子，則建議給予孩子自主權，讓他決定下次假期想要進行的活動，或是家人共同檢討這次假期不滿意的地方，做為下次具體的改進之道。不妨由全家票選出假期中最喜歡的日子，或是假期中最想從事的活動前三名，納入下次假期的考量。引導孩子藉由回憶與規劃開心又滿足的假期模式，再帶到學校生活令人開心的部分，引導孩子用正向情緒做好開學前的心理準備。

◆安排靜態的活動

到了假期即將結束前，家長可以安排像是公園野餐、文藝展覽、美術館、圖書館借書、和舊同學聯絡等靜態活動，透過這類活動的安排逐步營造學習的氛圍。

◆調整作息

全家一同調整作息，培養早睡早起的習慣。每日要規律運動及閱讀，定時定量用餐，減少因開學而要早起的抗拒感。

◆整理作業及文具用品

開學要使用到的書包、運動鞋、制服、帽子是否已經清洗、準備？繳交的作業是否完備？如果家長行有餘力，可以準備和新學年課程相符的課外書進行預習，並添購需要的學用品（見表1），讓學用品嶄新的氣息，陪伴孩子做足開學的心理準備和期待。

在準備開學的過程中，家長要多和孩子談話，並接納孩子焦慮的情緒，讓他知道你隨時在一旁支持。當看到孩子面對開學而在心理上產生焦慮或拖延時，可善用對話進行引導：

「○○，你很擔心開學面對新老師嗎？你想跟我聊一聊、說一說嗎？」

「你需要我陪你把該做的事列下來嗎？有需要我的協助嗎？我一直都在這裡哦！」

孩子會從你的耐心陪伴中慢慢發現，其實緊張、焦慮的情緒很正常，很多事情只是想像中感覺很可怕而已。

表 1　開學收心操

已經正式開學囉！上課要帶的東西你準備好了嗎？以下這些都是我們上課的必備物品哦！請你在假日時請家長幫忙協助，一定要在下週一準備好並帶來學校。放進書包後記得檢查打勾！不要忘記貼上姓名貼或寫上座號哦！

姓名：＿＿＿＿＿＿＿＿

	鉛筆盒裡		
	鉛筆（或自動筆）3枝		原子筆（藍、紅、綠）
	橡皮擦		黑色奇異筆1枝
	螢光筆（黃色比較清楚）		直尺
	工具箱裡		
	剪刀		膠水、白膠
	美工刀		釘書機、釘書針
	圓規（鉛筆可調整式）		量角器、三角板
	墊板		直笛（要使用3-6年級，可買品質好的）
	其他		
	國語字典		牙刷、牙膏、杯子
	手帕或毛巾		輕便雨衣1件
	餐具、水壺		衛生紙1包
	零錢（打電話用）		抹布

02

開學前：計畫

帶班計畫，心裡有底

心裡有底，一切搞定！

TEST

02

memo

開學前計畫

與家長聯繫過後，教師心裡安定不少，但接下來要領導班級裡二、三十位孩子，同時有條理地處理每天各科學習等繁雜大小事，有時在短短一天內，就有超過上百件事務得處理。

接下來，讓我們透過班級經營中幾件大區塊的建立，幫助教師在開學初期就讓孩子快速適應新環境、進入學習狀況；還可以臨機應變、事先規劃，教師就不會每天回家後累倒在沙發上了。

打掃區域

學校裡，每個班級都有負責的打掃區域，通常會分成外掃區和內掃區（自己的班級教室）。外掃區是公共區域，打掃時可能會影響到其他班級或是教學活動的進行，因此妥善安排外掃區是第一要事。

★**事先查看**：教師事先實地查看分配到的區域狀況，像是廁所是否頻繁使用、落葉區落葉量是否依不同季節而有差異、資源回收區每週哪幾天的工作最繁重、負責掃區是否常會有外賓來訪等。依照不同的打掃地點、不一樣的輕重緩急和重要性，來分配人力比重和計算掃地工具。

★**人力配置**：我的習慣是會先派有做事經驗的孩子負責外掃區，這是由於開學初一陣忙亂，在教師暫時無暇仔細指導時，有經驗的孩子也能大致自行完成任務，等一段時間後再輪替掃地工作，讓所有孩子都有機會做外掃區工作。否則，當教師在開學時忙碌於班級事務時，卻常被行政端提醒外掃區狀況，真會有種焦頭爛額、雪上加霜之感。

★**鍛鍊思考**：分配掃地工作後，通常我會先詢問孩子：「用什麼方式打掃最有效率？」除了鍛鍊孩子的邏輯思考能力，也能藉此觀察孩子平日的家庭教育。時常見到孩子打掃廁所時，經常是先拖廁所外部走廊，才刷廁間馬桶地板，結果弄得整間廁所溼漉漉，往往無法在時間內完成目標。先思考，才能事半功倍！

★**親身示範**：決定好使用的掃地用具後，我會向孩子親身示範一次打掃方式。舉清掃廁所為例：先集中垃圾桶的垃圾，每週兩天傾倒即可；接著示範如何將馬桶刷得乾淨、清理廁間地板、最後清洗洗手台和拖地。有些工作細節孩子可自行調整，不用天天做，同時思考：怎麼和同學分工？緊急時先做哪些？教師給定範圍，指定數人負責，讓孩子自行思考、練習指導；教師再給予即時修正，隔天再進行觀察、回饋。孩子漸漸上手，教師就可以慢慢放手。

★**經驗傳承**：我也會發給每位孩子一本「空白雜記簿」，請孩子運用圖畫或文字將打掃流程和細節記錄下來，做進一步的省思和改進。雜記簿給予孩子思考的空間和架構，讓他們有機會不斷地進行更正與調整、觀察與詢問。甚至之後更換打掃工作時，孩子也能將摸索到的經驗交接給下一棒，培訓自立人才。

班級幹部

帶班初期，幹部是決定整個班級是否運行的關鍵。除了選出班長負責帶隊之外，其他幹部的設置其實都和教師的價值觀有很大的關聯。以我自己為例，我重視孩子的自我管理，因此不開設「風紀股長」一職來登記違規的同學；我重視孩子的閱讀，所以會增加「閱讀長」

來協助整理圖書、「讀報長」來發放報紙，再加上其他科任小老師協助科任老師收齊作業、提醒考試進度等。建立分層負責，會讓孩子分組選出小組長，每日收齊作業等，讓班級事務運作得更快速。（見表2）

因此，決定班級幹部之前，教師應事先思考哪些工作可以交給孩子自主管理，哪些工作則需要額外請孩子進行協助。和掃地工作一樣，班級幹部也需要定時更換，讓每個孩子都負擔適量的工作，從中培養起負責、溝通、協調、合作等能力。而同一個工作，我都會設定代理人或是共同協作人，例如班長不在，副班長馬上代理；科任小老師忘記，科任班長一起協助，除了讓重要事務不被遺漏以外，也減輕幹部被苛責的壓力。當犯錯時，也以「那麼我們現在可以怎麼補救？」「下次怎麼樣可以更好？」的思考來塑造幹部願意承擔的文化。

午餐工作

班級裡人數一多，光午餐就有好多事項需要管理。有些學校需要孩子抬餐桶、打菜等，或是協助低年級進行午餐打菜等，狀況不一。教師同樣需要事先規劃人數、思考工作性質，才能在開學一陣慌亂中有條不紊，快速開飯，悠閒享受午餐時光。此外，抬餐桶的孩子身高

表2　班級幹部工作名單

年　　班　　幹部名單		
職稱	學生姓名	工作內容
班長		1. 帶隊升旗、上科任課等帶隊工作 2. 管理隊伍秩序
副班長		1. 早修、午休、上課前提醒秩序 2. 班長不在時負責班長工作
科任班長		1. 提醒科任課的秩序 2. 離開教室集合秩序 3. 提醒科任教師交代事項（協助科任小老師）
教具長		1. 收放教具 2. 整理教具
小幫手		1. 發放簿冊 2. 其他臨時交辦事項
潔牙長		1. 負責潔牙監督 2. 漱口水 3. 班級消毒等其他健康事項
學藝股長		1. 協助思考製作教室布置 2. 帶領同學製作班級壁報
電燈長		1. 進出教室開關電燈 2. 放學前檢查座位清潔
窗戶長		1. 放學前關窗戶 2. 放學前和電燈長檢查座位清潔
圖書長		1. 擔任班級圖書管理 2. 書籍整理及修補、推薦購買清單製作
小老師名單		
自然		1. 自然老師交代事項 2. 考試及作業提醒寫在聯絡簿
社會		1. 社會老師交代事項 2. 考試及作業提醒寫在聯絡簿
英文		1. 自然老師交代事項 2. 考試及作業提醒寫在聯絡簿
體育		1. 體育老師交代事項 2. 借還體育用具 3. 管理班上使用體育用具
其他		1. 各科老師交代事項 2. 提醒同學作業及攜帶用具
各組組長（依照實際組別規劃人數）		
小組長		每日收齊小組內各項作業並登記缺交號碼

兩人一致、力氣不能相差太大，才不會容易打翻；抬回餐桶，避免選吃飯速度較慢的，以免增加時間壓力。定期更換孩子輪值午餐工作，讓每個孩子練習為他人服務。

值日生

我對於值日生的做法是：值日生以兩人為一組；由於其他班級事務都由各幹部負責，因此值日生的工作內容只有下課擦黑板、打板擦而已。這樣的好處是孩子絕對不會忘記（黑板沒擦，大家馬上就知道找誰），教師也不必每天花時間在費心叮嚀值日生。

座位及戶外隊伍

座位安排影響孩子的身體健康，因此教師要特別留意。安排時需要考量學生的身高、視力、聽力、人際關係等要素，並定期更換座位。座位的形式則按照教學風貌來調整，例如開學初期，可將全部座位面向黑板，以觀察孩子的注意力和專注力是否達成基本學習成效；開學後一段時間，當孩子漸漸提升專注度，這時座位則宜改為小組型以利進行合作學習；馬蹄型座位則是師生彼此有默契，聚焦於中間展演活動的座位安排。

初期座位以老師指定，後期在視力、身高條件無虞下，我也會讓孩子自己選擇座位。記得座位要定期（如一個月）更換，讓孩子接觸不同同學、調整在教室的位置。至於戶外升旗隊伍也依身高安排，指導行進間秩序。

課程進度

開學之初，師生仍在彼此適應中，課程進度最好稍微抓鬆一些，以免孩子跟不上；給彼此一些空間，師生關係融洽，學習更有效率，學生間的情緒衝突也會少些。提前計劃課程進度但保留彈性，執行起來更心安。

回家作業

作業量會立即影響到孩子的回家作息，需要審慎思考。像是作業的份量需要仔細考量，除了思考班級中不同孩子寫作業的速度外，也要考量科任教師哪幾日也會有作業需求，適時進行調整，才不會因過多的作業，導致孩子以敷衍和隨便態度寫作業，甚至造成家庭革命。作業的類別也需要思考，像是創意性、親子共創、比較花費時間思考的作業，可以留到週末時進行，整體而言，應避免過多抄寫作業，以落實作業是協助學生複習、學得更好的目標。

作業量也與隔天教師花費批改作業的時間有關，尤其每天的空堂相當有限，教師除了批改作業和備課外，有時還要負責大大小小的行政工作，例如：研習場地布置、活動布置、科展、作文指導等，以及許許多多的成果清單要繳交，像是環境教育、班級閱讀計畫、交通安全成果、讀報成果等。此外，還有學生突發的人際問題、小團體等要處理。妥善規劃空堂時間，找到每日節奏，順利完成作業批改，才不會因批改作業造成壓力太大、情緒緊張。

作業在精不在多，這幾年我要求自己提升每堂課的教學效能，不把「作業多」和「教學認真」畫上等號，孩子在校已經一整天，我希望把珍貴的放學後時間盡量還給孩子和家長。

作業訂正（請搭配24〈運用手帳，找出優雅教養的祕密〉閱讀）

作業批改過後，就談到訂正。前一天的作業，就是今天在校的訂正。教師除了思考什麼時間進行訂正外，若個別孩子作業的錯誤很多，表示上課學習效能不高，須注意孩子上課時的狀況；若全班作業中迷思概念頗多，則需要更換教法、重新指導。

每個班級中總有些慢飛的孩子，教師要找出個別學習困難的點：是因為孩子偷懶？還是學習困難？困難的原因是什麼？是上課沒有專心，導致學習效能不佳？還是之前的學習概念不夠清楚，導致現在學習上的斷層？或是需要多些時間成熟？

診斷問題過後，再思考解決方法。評估是否需要上課補救、請小老師協助、家長在家協助加強、提報鑑定，或是其他時間補救教學。如果老師做好相關的安排和規劃，在課堂上也能妥善安排學習進度，就不會焦急、心慌又無力，在教學進度的壓力下，也能對自己和對孩子有更好的對話品質，達成有效教學、安心當下。

科任教師

若有新合作的科任教師，適時和教師關心一下班級學習狀況，思考如何配合或稍加協助。透過家長與每位師長間的密切合作，對於孩子的學習及培育才能有共識，就不會彼此拉扯而分散力量。

行政工作與學校重要活動

行政工作要預先準備，有底見就自然有自信及平靜。在剛開學時就提早規劃搜集資料的時程，逐步準備成果，提前繳交。學校的行事曆和班級學習活動息息相關，像是：家長日、運動會、才藝表演活動、校慶預演、海報製作、學習成果展、法治宣導、食農教育、公開授課、外師來訪等，都需要事先宣導，和孩子共同準備，有時甚至會動用到上課時間。如果可以針對學校重要活動提前思考，有時甚至能調整課程進度，一魚多吃，相信教師會更加游刃有餘。

除了以上十大方向提供教師參考外，班級經營的核心概念還是要回到教師帶班的價值觀。每位教師因為各自不同的生長環境、人生價值、教育理念，而擁有不一樣的帶班價值，這些價值觀會從根本體現在各個教學細節中。

舉例來說，我希望孩子最終可以學習獨立自學，決定切入的方向是閱讀和行動學習，便會融入我所教授的各科課程中：科目學習大量結合課外閱讀、推薦孩子書單、和孩子每週共讀、讀書方法會導入閱讀策略，最終產出評量學習成效；行動學習則是運用多個數位學習平台，讓孩子的學習可以個人化，不用維持班級學習的同一速度，同時找到適合自己學習的工具與方法（詳細內容見22〈自學與行動學習力〉）；老師也可以建構更多元寬廣的教材與作業，重點在給予每個孩子個別化的學習，陪伴孩子找到獨特的自己，成為他自己。

因此，班級經營並沒有標準答案，而是要不斷叩問自己的教育哲學，再將理念滲透到各個面向的做法，逐漸塑造出班級氣氛和孩子思維習慣。如果是新手老師，建議可以先做基本款，時常觀摩資深教師的教學，逐步修正，找到自己的節奏和風格，不僅開學時就能優雅地收到風行草偃之效，更能長期領導班級、讓孩子領導自己的生命。

家長看過來

根據孩子在校狀況，調整在家生活規劃

看完以上教師需要處理的開學事項，你是不是也感受到教師在開學時的忙亂？家長不妨善用這個時機和孩子深入聊聊，了解孩子在新班級的狀況。例如，孩子擔任哪些幹部、座位的位置、負責何種掃地工作、怎麼和同學合作等。

也可以詢問孩子，目前是否在達成某項任務上感到苦惱？在各科任課教師中，對於哪一種教學風格最能適應、哪一種教學風格則感到學習有困難等。詢問上述問題，除了能幫助我們深入了解孩子的學習狀況、和孩子產生連結以外，也可以透過討論，示範面對困難時的因應態度，這對孩子的影響更是重要。

孩子在校生活的表現其實往往也反映出在家的生活狀況，了解孩子是否可以負責一項工作、是否可以照顧自己等。透過了解孩子在校生活的點滴學習歷程，做為安排與調整孩子居

家生活的參考，在家賦予孩子更多任務，讓他學習扛起責任來。

課後時間的規劃也建議家長預先計劃、思考。例如，孩子是否要參加課後照顧、社團活動、安親班、補習班、學習才藝等？回家時間大約什麼時間，是否還有時間休息、複習？依照孩子的學習意願、學習狀況和個人特質安排學習活動，才能有最好的學習興趣和成效。過程中也逐一觀察、詢問孩子的狀況，隨時調整、適時留白，讓學習成為學習，而不只是窮忙奔波。

03

開學前：營造環境

環境對習慣和性格影響深遠

想要改變習慣，要先改變環境，
環境改變了，孩子就會跟著改變。

03

memo

開學前
營造環境

曾聽一位教育前輩分享，其實單從觀察低年級的教室布置，就可以看出班級教師是否具備教學經驗或注重孩子的學習。舉例來說，一般低年級孩子常對「時間」概念的學習感到困難，因為時間很抽象，看不見也摸不著。然而一位有經驗、有教學理念的老師，便會在教室裡布置時鐘、月曆、日曆，透過環境的規劃與設計，讓孩子的學習不限縮在四十分鐘的課堂上，而是時時、處處都能進行學習，自然而然使學習效果大幅提升。

好的教室環境可以增進學習效果，且對於塑造習慣、淺移默化更具有強大的功用。教師該如何思考教室空間的規劃？如同班級經營計畫一樣，我建議還是要先回到班級經營的核心價值。

也就是說，當教師希望孩子培養自學力、熱愛閱讀，那麼就會朝規劃班級書櫃、閱讀

將成長型思維融入教室布置（照片提供：花蓮KIST三民國小陳淑芬老師）

交流區、新書介紹區等方向進行思考；如果重視孩子培養某項品格，像是「成長型思維」、「七個好習慣」，則勢必要布置相關學習區。像是推動「成長型思維」的做法常是：將定型思維和成長型思維的對照卡片張貼在顯眼區，方便讓孩子核對，定義教室文化；又像是展示學生經過努力而留下痕跡的作品，而非只展示完美無瑕的作品等（詳情請參考《成長型思維學習指南》（*The Growth Mindset Coach*）一書第二章）。

因此教師在設計教室布置前，可以先檢視自己的教學觀及貫穿學期的課程設計。如果是新手教師，不妨從以下幾個基本方向思考，再慢慢摸索出屬於自己班級的風格：

整潔的環境

有些學校每年讓班級更換教室，有些則是留在原來教室，更換班級立牌。不管何者，經過漫長的暑假，教室的窗台、吊扇、牆扇、窗簾等累積的灰塵及汙垢相當可觀，牆壁也斑駁髒汙，門窗甚至還常留有上一個班級的膠帶痕跡。

針對清潔上比較困難的吊扇和粉刷，我通常選擇自己處理，畢竟接下來就要在這個環境生活一整年，不可不慎重。也有些學校會協助處理，例如全校統一粉刷及清理，讓教師輕鬆不少。有些教師則會借用強力水柱等專業器具進班，或是花錢請打掃公司協助、邀請家長一起協助打造整潔的環境，再留待一些等孩子一起大掃除，這些都是教師可以思考的方向。

閱讀角

孩子在教室的時間長，在教室內規劃閱讀角常有莫大的功效。常有孩子在學期末問我這樣的問題：「老師，下學期教室後方書櫃裡的書籍會更換嗎？」我才驚訝地發現，孩子竟然已經把閱讀角的大部分書籍全讀過一遍！原來學習速度快的孩子會善用一天零碎時間進行閱讀，像是下課、訂正後空檔、午休等，一天累積起來竟有二、三個小時可以運用，積少成多，實在可觀。

閱讀角的書籍規劃可以從以下幾個方向著手：

★**各科學習相關書籍：**如社會科學的台灣史、自然科學的植物觀察等。

★**工具書：**工具書是必備書籍，如經常需要查閱的國語字典、英文字典、成語辭典、百科等。

★**報紙與地圖：**可規劃報紙閱讀區域，放置世界地圖和台灣地圖、地球儀供孩子查找，或放一塊白板區供互動問答，都是不錯的選擇。

★**其他閱讀延伸的布置區：**像是展示新書介紹、閱讀交流互動（以書會友、學生分享好書，其他學生給予回饋），也都可以和課程做相關的搭配布置。

書籍的來源可由家長捐獻，或是由每個學生繳交班費後由教師添購，並於學期末讓學生抽籤帶一本書回家。添購方式可從二手書店或是二手書網站，或是由學校圖書館以班級名義借閱等，都是方便又經濟的選擇（可參考我的第一本書《從讀到寫》有詳細說明）。重點是定期有活水進駐、更換圖書，讓孩子保持時時注意閱讀角的習慣。

公告區

學校經常有些重要資料需要公告，像是緊急避難路線、防洪路線、腸病毒等衛教宣導、科任教師要公告周知的課程資訊、需要全班投票前詳閱的資料等，因此教室布置務必留一個公告區位置。

作品區

對孩子來說，除了教師的指導，同儕間的學習也相當重要。一個班級若有二十幾個孩子，就有二十幾種不一樣的作品，透過作品區的設置，讓孩子經由觀察、思考與統整，可以協助孩子跨越、提升。即使班級中孩子較少，班級學習動力較低，我也會在網路上列印相關作品，讓孩子獲得刺激，進而產生具體想法而成長。

★**作品陳列的方式：**建議單張作品可以利用圖釘，或是以活頁透明資料夾展示在牆上，簡單陳列又好更換。立體作品則可以展示在窗台或工作區。

★**定期更換作品很重要：**如果真的沒有時間更換，至少期中考後要做一次更換調整。

★善用評分機制：可發給每位學生評分單提供回饋，或是運用小紅貼紙貼在喜愛的作品旁，最後訪問評分學生：為什麼投票給這個同學的作品？讓孩子思考後闡述，是一種能讓學生彼此觀摩、又可獲得實際回饋的教學方式。期初的寒暑假作業展，我就常以這種方式，讓孩子彼此分享作業內容，看看別人，想想自己，省思與對話帶來成長，又可以即時回饋、迅速完成。藉由同儕的鼓勵和刺激，更可有效提升孩子下次做作業的品質，一舉數得！

自學工作區

孩子在校學習的過程中，常會需要運用大面積桌面來完成學習任務，像是製作海報、多人討論合作小組學習專案等，因此適時建立自學工作區是需要的。自學區也可以放置電腦，提供一些有特別需求的孩子查詢資料解惑、跨越進度先預習、進行補救教學，或是做為參加仿生獸機器人比賽時的組合區等。只要一張大面積的桌面、簡單的文具與工具，就能幫助孩子揮灑創意！

學生檔案及置物區

學生的學習檔案以及其他不必每日帶回家的課本作業都需要有放置空間。常用的美術工具、學用品最好也有一個獨立的櫃子可供放置，簡單空間幫助書包減重，孩子健康排第一。

其他：餐桶區、潔牙區、資源回收及垃圾區、作業繳交區、休閒區

用餐使用的餐桶、學生的牙刷與漱口杯、資源回收及垃圾桶，也都需要通盤考量。此外，學生每日的作業量相當可觀，收回的作業、批改完畢的作業、等待訂正的作業，也需要規劃固定好拿放的放置位置。

休閒區可放置桌遊、象棋、跳棋、益智玩具、數學相關教具，讓孩子方便取用。休閒區各項教具不僅有助學習，更能讓孩子們創造共同回憶、交流感情和腦力激盪，也是梅雨季來臨時孩子們的好去處。

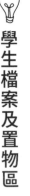

老師常備文具、教具

★**學習輔具：**「工欲善其事，必先利其器」，對一些需要補救教學的孩子而言，若能善用學習輔具，便可協助他順利銜接從具體到抽象的各項學習。因此我常在教室中備有一到六年級的各式教具（參考表3），一來孩子操作教具時比較專心，二來教師可視孩子操作教具進行補救教學，三來教具有助於學習建構、搭起鷹架，補齊抽象思考發展的不足。總之，平日多讓孩子操作教具，好處多多！

★**一枝給力的好紅筆：**對於老師來說，好用的紅筆絕對是省時又省力的好投資，為此，我還曾把市面上所有紅筆買來評比，最

表3　怡辰推薦好用教具

數學單元	單元	教具名稱
數與量	個、十、百、千、萬等	花片、古氏積木、定位板、錢幣
	重量	天秤、磅秤、一公斤秤、三公斤秤
	容量	各式量筒、一公升量杯
	長度	教師用長尺
	角度	幾何扣條、大三角板、大量角器
	面積	釘板、平方公分板
	體積與容積	一公升透明方盒容器、一公升正方體、古氏積木
	時間	教學鐘
	分數	圓形分數板、長條分數板
	小數	古氏積木、定位板
空間與形狀	多邊形與圓形	幾何扣條、七巧板、大圓規
	柱體與錐體	柱體、錐體透明展開組合包、ＵＳＬ連接方塊
代數	因數倍數	古氏積木

後找出最適合自己手感又環保的是鋼筆。

★**其他工具：**配合學生學習的常備工具還有：常用印章（老師簽名章、全班號碼章、通過訂正章等）、小白板、白板筆、白板擦、學習生字的田字黑板生字貼、情緒性格卡。防水標籤貼掃具、圓形標籤可讓孩子投票使用、各式各色便利貼供上課討論時運用、硬式小卡和大張卡片可隨時表達孩子對他人的感恩。筆記本、輔導卡片（如改變卡）、感恩小卡等，輔導孩子的時候也可以幫大忙。

其他各式文具，我也會多準備五份左右，像是剪刀、膠水、直尺等「開學收心操表」裡的文具，當孩子忘記攜帶，除了可以自己尋求解方外，老師也可適時提供，以解燃眉之急，師生不用在忘記帶的小事上彼此折磨，更快速進到學習狀態，小小物品、大大投資。

零食與開水補給站

老師的抽屜裡像是哆啦A夢的百寶袋一樣，堅果、小點心可以自己吃、同事吃、孩子吃，補充能量就有好心情，還兼有閒聊功能。再幫自己準備一個有容量刻度的一公升吸管大水壺。老師最怕忘記上廁所，每天在校要記得固定喝完一、兩瓶水。加上保護喉嚨良方、哨子、室外麥克風等，老師也要牢記健康第一。

家長看過來

如何為孩子營造理想的閱讀和學習環境？

在近二十年的教學經驗中，我常在課堂中發現有一類常常恍神的孩子，明明我就站在他面前，無奈他就是「已讀不回」，神遊太虛。

當教師生涯來到教過數百位孩子的經驗值時，我常戲稱我已經會「算命」了。

每當我問孩子：「你家是不是有電視？」

孩子想都不想就回答：「是啊！」

我又問：「你總在電視旁寫作業，對嗎？」

孩子總會猛然抬頭，驚訝的說：「老師，你怎麼知道？」

我繼續問：「而且，你家的電視音量往往開得很大聲，常常電視一開就開一整天，是不是？」

學生驚慌大叫：「老師，你真的會算命！」

其實我並不會算命，但是只需要觀察孩子的作業和上課的反應，就不難發現孩子在家早已經習慣音量大、聲光效果佳的影音，因此到了課堂中，就把老師當成「背景音樂」，千喚不一回，也自然不奇怪了。環境對孩子的影響之深，由此可見一斑。

但家長也別覺得壓力太大，我這裡談及的家庭環境，不是希望要營造一個多寬敞、多豪華的讀書空間。事實上，只要孩子有個固定的地方寫作業，有固定的空間可以放置自己的課本和作業，不會每日慌亂尋找，就已足夠。如果家中空間不夠，無法為孩子規劃獨立的學習空間，也只需要在孩子寫作業時，至少關閉電視一個小時，這時家長在一旁安靜地看看書報，也可以達到一樣的目的。

為孩子建立良好的閱讀環境，不需要非得添購大書櫃與幾千冊藏書，而是在客廳和房間裡規劃一個固定放書的地方，書籍則不管是從書店購買或是圖書館借閱，數量不拘，重點是時時更換。小小的改變，你會發現孩子將有大大不同。

最後，特別提醒家長，常見孩子到了高年級會出現近視的狀況，伴隨兩眼視差增大，更經常出現頭痛等症狀。孩子平日在家讀書與寫字時，家長要特別留意採光和姿勢，尤其是握筆姿勢的正確與否，不僅影響寫字的持久時間，後期更影響長期專注度，甚至會影響視力。為孩子挑選適合的檯燈、隨年齡調整桌椅的高度，這些小地方皆是影響孩子健康的重要關鍵。

04

☆ 開學前：備課

心安而後教，備課更要備心

大人先覺察、照顧自己，
才有能力照顧孩子。

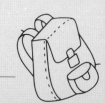

04

memo

開學前

備課

我曾擔任過教育部初任教師培訓者，每當面對一群熱血的新手教師，我常詢問一個問題：「教室裡最重要、最先要照顧的人是誰？」這時台下老師們紛紛回答：「學生」、「家長」、「其他老師」……

但我的回答則是：「最先要照顧的人，其實是老師自己。」

這個世界變化得太快，不僅衝擊到家庭價值，也影響學生心理和情緒的浮動。其實，教師這個工作所面對的都是「人」，所要關注的不僅是二、三十個學生、家長和家庭，還需要像是一名長跑馬拉松參賽者般，腳要踏實落地，眼睛要看向遠方，心中有遠見。

既然是一段長程賽跑，那麼當老師的身心安定、情緒平和，能夠開心面對教學、孩子的學習和各項任務時，才會有餘裕因應孩子的突發狀況，長期同理孩子、覺察自己和孩子的情緒。當教師能以正向態度面對每件事，更能以成長型思維看待孩子的學習，並調整自己的應對姿態，這又會連帶地影響孩子的應對姿態。

所以啊！請老師先好好地照顧自己。要睡飽、要吃好，要開心、要雀躍的進入教室裡，用期待的心情看待學習任務，和孩子一同開心的學習。讓學習變成一件美麗又有趣的事情，在孩子身旁支持他，好好的一起度過每堂課、每一天。

開學前的心情準備

和孩子相處的每一分、每一秒時光，其實也是教師珍貴的人生啊！教師面對開學前的心情準備，可以是這樣的：

◆開心的踏進教室

經過漫長的假期，不管老師是帶新班級還是舊班級，用期待的心情面對和孩子相處、學習的生活。也期待犯錯，不管是孩子犯錯或是教師犯錯都無可避免，重要的是，把學習犯錯當做是珍貴的禮物，因為有犯錯的體驗才使得正確答案更顯價值。

◆維持一致性，放下擔憂

我知道我並不完美，但我會坦誠自己的想法，不敷衍、不鄉愿、不委屈自己。不論他人對於老師的期待為何，我都希望自己維持一致性，誠實地面對自己，讓孩子看見我的以身作則。當孩子願意展現他的真實想法、真實面貌，學習才有意義和可能。

我常接收到很多老師的擔憂，例如：進度有壓力、備課無所適從、作業總是收不齊、學生沒有達到期許、自己永遠不完美、沒有達到自己期許等。但有些擔憂本來就沒有意義，舉「學生沒有達到期許」為例，每個孩子本來就有不同的樣貌，不妨試著看見自己擔憂背後的想法：期許合理嗎？是否兼顧孩子的個別差異？可以再多給孩子時間？擔憂的真正原因是孩子的行為還是苛責自己？探究擔憂的本質與背後的思考脈絡，然後放下，凡事都是最好的安排。

從班級組成來看，一位教師同時面對三十個學生，可是三十個孩子有不同心性、個性、家庭、背景、情緒，怎能要求三十顆種子同時一起發芽？教師要放下過高的期待，試著打開眼睛，看見不同孩子的優點和特性，專注在進步的過程而不是結果，才能真正釋放彼此。

◆凡事感恩

一個學校除了導師，還有許多行政人員在暑假上班，努力排課。擔任過學校行政職務的我知道這點，因此開學時，總會滿懷感恩的帶上名產和同事們分享，感謝排定課表的行政老師們。我也常在學校或網路上找到志同道合的夥伴，也許是同學年任教，或是對讀寫教育有興趣，又或同樣處在幼兒媽媽的人生階段，這些人際交流都可以讓教室裡的國王，因為有了朋友而不再孤單。

因此，如果沒有如願排上自己想擔任的圖書館管理職務，我會這樣想：一定是學校擔心我帶孩子太辛苦，其實其他的兼任輔導教師、作文指導、科展指導、研習和會場布置、樂隊管理和交接等，我都很有興趣。每一個挑戰都是讓我們離開舒適區的門票，迎接成長的開始。衷心感恩，也充滿期待。

◆給孩子時間，也給自己時間

孩子的學習、成長都需要時間；教師不過急，給等待。在適當時間給與孩子適度期待和壓力；教師在需要沉潛時，給等待。拿捏重點在於不磨滅孩子的興趣，而拿捏，是我的專業；凡人都會犯錯，教師犯了錯，修正就好，不需要過度擔憂、苛責自己。

也在每天空堂畫出給自己的時間。每天早上十點多，喝一杯茶、聽一首音樂；下午第一堂課前或找個十分鐘空堂，來杯咖啡、讀一本繪本、和同事聊聊天、圖書館走走、各處室逛逛、記錄一下上午的教學。休息過後，調解一下緊繃的情緒，回頭看看之前在意的點，往往雲淡風輕。

◆好好覺察自己、照顧自己

自己很重要，記得喝水、記得上廁所、記得閱讀、記得開心、記得快樂、記得健康第一、家人第二。照顧別人以前，要先照顧自己。想要拯救世界和別人之前，先回頭看看自己有沒有活出想要的意義。

備課輕鬆做

長達一學期的課程，短時間要準備完成是太不可能的。其實相較於課程，更重要的觀察學生的能力與程度，在適當的時候以適當的教法，兼顧有趣又有學習成效。因此，我不做過多計畫，以免扼殺課程的彈性，準備時僅著眼於大方向，其他則邊做邊調整，記錄省思，不斷求精進。

◆生活處處都可備課

學生學生，學習如何生活是如此重要！因此，老師自身要先好好生活，老師活得精采，教學和課程才會精采。在旅遊、閱讀、運動之中皆能有所成長和體會，其中精華滋養了我們看教材的高度，提升了我們課程的內涵。也可以時常觀摩、閱讀和思考其他老師的教學，再修改、調整為自己的教學資料庫，也是很棒的方法。

◆開學前穩固基本盤

對於教學經驗不多的教師，可以先求有，再求好。先看懂數學教科書，知道哪裡是重點。例如從評量往回思考最基礎的教學有哪些，整理課本架構和熟悉教材基本內容，再思考學生之前學過的舊經驗，以及本學期學生透過新單元需要建立的能力，思考哪些會是學生可能出現的迷思和困難？抓住教學主軸之後，放入每週課程計畫的方格，繼續延伸思考可以有哪些不同的活動和變化。

最怕的是自己沒有定見，隨著研習或是其他資訊隨波逐流，屆時課程一團糟，也連帶影響上課的節奏和心情。要多向校內資深教師請益、善用網路社群。根本之道還是建議要踏踏實實的在開學前了解課綱、熟悉課本，根本有了，才能開枝散葉。

◆思考課程進度與分派作業

作業非一成不變，事前先思考為什麼需要指派這項作業？當學生能力成長之後，如何提升作業創意和難度，讓孩子的學習升級？初期以基本作業為主，中、後期則視學生程度改變成需要思考統整的作業。

不同學生面對不同科目也有不同程度的能力，不妨思考可以在作業呈現方式上給予哪些不同的彈性？例如：文字報告、圖畫報告、口述報告、影像報告等。思考希望孩子培養的核心素養和能力是什麼？方法其實可以有彈性。

◆善用備課資源

出版社提供的資源、臉書備課社團的分享、相關書單、可以運用的遊戲和活動、教具和桌遊等。先求根本之後，行有餘力再多方探索，上一堂自己也會欣賞的課吧！

實務分享　同一份作業，不同的學習任務

在國語文一科中，透過學習新的詞語，除了希望孩子知道詞語中的形、音、義以外，還希望孩子可以「運用」詞語。因此，如果作業只是抄寫圈詞三次，就沒有達到運用詞語的能力。這時，不妨依照孩子的語文程度，發派不同的學習任務，例如：

★對於語文高成就的孩子，請他試著用課文中的三個圈詞羅織成一篇文章，或者給予孩子不同情境去跨越與想像。

★對於語文中等成就的孩子，如果不太能把三個圈詞串接成文章，那麼運用三個圈詞一一造句也行。

★對於語文能力較差、詞語運用有困難的孩子，則可以請他找出詞語在文章的位置，提供符合程度的抄寫作業，也能發揮基本的學習效果。

針對不同程度的孩子，指派差異化的作業，讓每個孩子負擔不會過重、卻又都能達到各自的學習任務。教師時時觀察，給予期待和支持，讓每個孩子都自在地走在挑戰自己、學習新知識的路上。

親愛的教師，開學快樂！

每一天，都是嶄新的開始；每一天，最後累積成我們的人生。

想想，世界上有哪個工作既可以助人又可以領薪水，在教室揮灑自己的創意又用價值觀影響他人的生命？有哪個工作可以用自己的生命影響另一個生命，然後，又回來影響我們自己的生命？同時，還能擁有孩子全然無保留的愛？

當老師，真的是最棒的工作了！

05

☆ 開學後一週到一個月：調整

打開感官
搜集大量資訊

沒有在一天中出現的，不會在一週後收成；
沒有在一週間發芽的，不會在學期末看見。

TEST

05

memo

開學後一週到一個月調整

學貴慎始。歷經開學的紛亂，開學一週到一個月間的學習，是連接未來相當重要的樞紐，往往會決定這一年的基調。教師在縝密計劃與執行後，要好好利用這個重要時刻搜集資料、進行省思和調整，班級經營就會進入規律期，然後跨越。

微調，才走得遠，千萬別功虧一簣！

與家長培養默契

除了在開學前、開學初期接觸家長以外，我通常固定每兩週透過聯絡簿聯繫家長，告知孩子的正向表現。至於孩子的負向行為則利用放學面告或是電話聯絡，說話時可以運用「三明治

三明治說話法

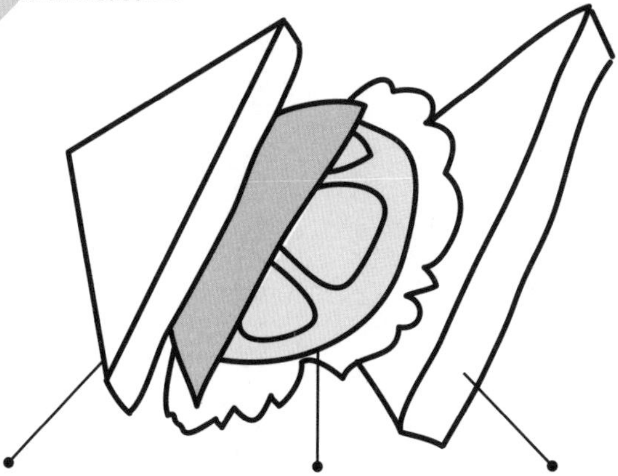
前導：先說孩子的優點，肯定孩子的努力之處。
核心建議：說出問題，以及希望改變的方向。
收尾：鼓勵，表達支持與共同合作的期待。

說話法」，先說孩子的優點，再提到孩子的狀況，最後站在關心、希望孩子更好的角度，詢問家長意見，達成親師間的共識。

如果孩子有需要提點的錯誤或是不良的表現，千萬不要書寫在聯絡簿上。有些老師因為班務繁重，在短暫時間急迫下，在聯絡簿上大大地寫下「上課愛講話」，短短幾個字，殺傷力極大！試想，家長下班回家，看見還不熟悉的新老師在聯絡簿上火紅地寫下齜牙咧嘴幾個大字，而且每次翻閱聯絡簿都會看見，心裡感受如何？若是站在孩子的角度來思考，有時在家裡做了錯事，自己心裡也知道，但總不想被家長屢屢挑出錯來，如刺在背那種感受，我們都能體會。

更糟糕的情況是，當家長詢問孩子時，常見孩子因為擔心被罵而隱藏資訊；或者也偶爾會發生老師不小心冤枉、誤會了孩子，隨之而來的，往往造成親師間彼此的不信任和傷痕逐漸成形，對雙方都是傷害。

實務分享　家長若對班級教學提出不同意見，該怎麼辦？

一個班級內將近三十位家長，可能就有三十個不一樣的想法。當有些家長覺得作業太多，有些家長卻覺得作業太少，面對兩種截然不同的要求時，教師該怎麼做才能讓所有家長滿意？

我的做法是，教師有專業，應先從課綱、同學年班級共同決定出發，設計作業原本就有學習上和發展上的基本考量，有所本才站得住腳。

另外，帶領家長看見事實也很重要。我在開學初，每天會在課堂上詳細說明作業書寫標準，甚至影印範例，確定孩子都沒有問題後才回家書寫。也會請孩子在聯絡簿上記錄當天作業花了多少時間，以了解實際作業的執行狀況。

當家長質疑作業太多，孩子甚至寫到半夜時，我則出示搜集的資料，表示全班大部分都能在一個小時內寫完，並提出孩子在課堂上的情況佐證，詢問家長：「是否孩子對自己要求過高，導致寫不完？還是有其他因素影響？您希望我怎麼個別調整？但我會擔心他因為書寫速度，也會影響考試作答，您認為呢？」

我引導家長看見孩子在群體和未來的狀況，一方面尊重每個家長的想法，同時提醒自己：當我在心裡評斷對錯的時候，就喪失了溝通的空間；另一方面適時提出專業的建議，以及其他可能會有的隱憂。在不影響孩子的受教權下，若家長仍然堅持他的理念，我予以尊重。之後也會定時和家長、孩子分享後來的狀況，提供他們參考。

只是，有時儘管再怎麼盡力溝通，語言和文字仍有局限，雙方對問題的理解和思考還是可能不一樣，因而造成家長誤會或無法接受的狀況。世事無法盡如人心，只能無愧我心，教師只要盡力而為，然後放下。

檢視孩子學習狀況

開學以來，每週的課表是固定的，學習時間和規律也漸漸成型、變成習慣。我們前幾篇文章談的帶班計畫，也執行一段時間，可以開始進行檢視。像是課程的進度，孩子是否可以跟上？是否需要更換不同方式的教學方式？作業有無哪幾天太多、太難、錯誤較多？需要放慢或加快教學的步調？

孩子的訂正往往最能顯示出教師教學成效和孩子學習成效，透過訂正，記錄教師的教學盲點，藉此提升教學專業；孩子訂正裡錯誤的地方，是常見的解題迷思。

此外，特別要注意的是作業經常全對的孩子，可能是「化了妝的作業」，也許是安親班或家長檢查訂正後的現象，因此要特別費心在課堂進行觀察，確認孩子是否都學會了。若有常不繳交作業、需要特別加強的孩子，也要放在心上，找時間、找資源進行補救教學。

此階段性注意孩子的學習狀況、作業迷思概念、形成性評量確定孩子學習成效，以迎接下一個階段評量。

至於孩子在科任課的學習狀況也非常重要，很多老師會認為科任老師上課責任自負，只是科任老師上課時間短，孩子所在科任課態度行為有偏差等，常常會蔓延到其他學習。因此，我會抽空和孩子、和科任老師聊聊，看看學習、秩序、作業收發有無可以協助之處。上課情形如何？學校行事開始納入時程思考進行，班級未來活動也可以著手規劃，以維持孩子的學習品質。

檢視班務狀況

班級中的打掃、幹部、午餐工作、值日生、座位、隊伍，有沒有哪幾天特別有狀況？每個孩子的狀況如何？老師就像一台不關機的錄影機，時時收藏孩子的表現，我也會在此時讓孩子用小日記等方式寫下省思，文字會讓孩子去思考這些工作背後的意義、每個人的付出對全班造成的貢獻，孩子的回饋也提供老師思考需要調整之處。

教師自我檢視

問問自己：開學第一週到第一個月期間，是否哪幾天覺得特別辛苦和忙亂？一週之中，有哪幾天孩子特別容易爭吵或有突發狀況？哪幾天心裡特別累？探究其背後原因都可能是流程、課程、時間、生活的調整契機。

當我們對生活和教學有後設認知，時時思考與調整，之後的班級經營也會愈來愈上軌道。善用這個時刻的覺察做為日後調整的基礎，也別忘了要多到大自然走走，讓自己好好休息，充飽電才能帶給孩子好的學習品質和生活樂趣。

家長看過來

調整作息時間，建立學習習慣

在開學後一週至一個月這個時間點，家長可以在家帶著孩子做自我檢視的練習。回想這段時間在家的時間安排，例如：起床時間、早餐時刻、上學時間、寫作業時間、運動頻率、參與家事、課後社團、才藝學習、補習等體力狀況，以及課餘的出遊、放空、休閒等，是否有需要調整的地方？

若需要調整，則更放大檢視，例如：

◆課後才藝學習

如果可以延至假日或週五，可以紓解週間忙亂的節奏嗎？畢竟無論是補習或才藝學習，都需要規劃出額外複習和練習的時間才會有效。

◆運動、閱讀、家事

如果想要透過平時進行有意識的累積和變化，也許可以多走路、爬樓梯等，培養定時定量的運動習慣；不管是晚餐後、睡覺前，每日撥出十分鐘來閱讀，透過持續、長久的累積才能滴水穿石；家事從孩子管理自己範圍開始到公共區域的負責，甚至是為家人煮一道菜。初期做不好是正常的，但如果沒有開始做，就缺少改進的機會，也就不會有做得好的成果了。

◆親子間每天的情感交流、深入對話不可少

每天問問孩子：今天過得如何？交了什麼樣的新朋友？老師教了什麼？過程中不批評、不責備，全然開放且保持好奇，讓孩子用語言回溯、整理今天的生活，藉此了解孩子交友和學習狀況，更重要的是，讓你的孩子知道爸媽對他的關心與愛。

06

☆ 段考前：筆記策略

學習做筆記，建立思考系統

建立筆記系統，
提升孩子的學習天花板！

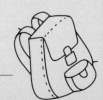

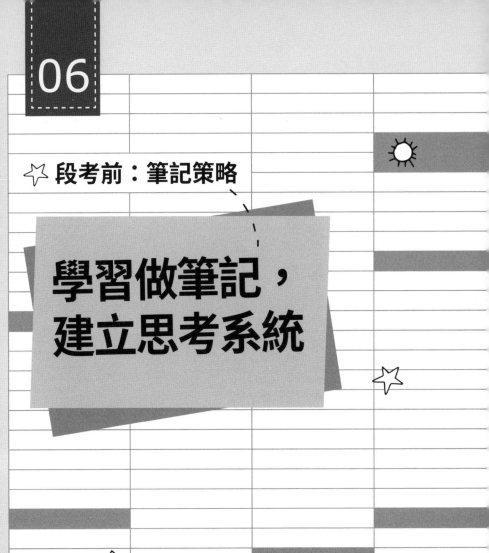

06

memo

段考前
筆記策略

我在教學現場將近二十年，已經從「看熱鬧」到了「看門道」的階段。國小課程相對簡單，考前一週透過大量練習、背誦解題，取得亮眼成績其實不難。然而，許多學生當面臨高年級的數學公因數與公倍數，或國中、高中的新學習階段，往往就會出現流傳在教育界的「成績大滑坡」。深究其因，除了孩子閱讀量不夠、閱讀理解能力不足，根本原因在於孩子只獲得片段性的知識，沒有建構起自己的學習地圖，因而缺乏整體性的概念與思考。

先思考，後解題

那麼，該如何讓孩子不是只會考試，而是能夠真正思考？在國小階段，我認為可以先從平日學習和「筆記」開始做起。

針對概念性的學習，以數學為例，可以問問低年級的孩子：什麼是「1＋2」？是否可以擬出一個題目？例如：我有一顆蘋果，後來又多了兩顆，現在總共有幾顆？「乘法」也是，問問孩子：為什麼要學乘法，乘法的意思是什麼？

到了中年級學「分數」時，也可以問問孩子：「$\frac{1}{3}$」是什麼意思？

如果孩子只會計算，概念卻模糊不清，其實就是只學會解題，一旦碰上特殊題目或更高階概念，很容易就會被擊垮。

社會科也是，孩子是否可以用自己的思考模式，掌握課程中的大量概念及內容？我曾經在社會課老師上完兩堂課之後發下白紙，請孩子寫下剛剛兩堂課的內容，結果收過來之後，大部分的孩子都是一張白紙，只有幾個孩子寫了單詞和上課笑話。

班上總會有幾個孩子不僅看不懂課本、沒有整體概念，成績距離及格邊緣還很遠。為了徹底解決這個問題，我一般會配合綜合課相關單元，教授孩子讀書方法、筆記和應試技巧，只要三節課左右的時間，不僅有效提升成績（曾有原本考三十幾分孩子，可以直接跳躍到八十幾分），更可以將讀書方法遷移到其他學科的學習，效果之驚人，連自然老師都來向我道謝。

以下分享簡單的社會筆記引導的方法：

根據學科特性，選擇不同筆記方式

像是地理類內容以畫圖呈現，國土大小、方位、位置一目了然，勝過千言萬語。而語文的文字摘要、自然科的圖表、數學科的定義和例題，都是因應不同科目需要的筆記方式。

使用課本的目錄幫助連結

課本的目錄就是很好的複習工具。像是高年級社會科課本的目錄裡「第三章：生活中的規範」，裡面小節有「3-1社會規範面面觀」、「3-2法律你我他」，就可以知道這個單元在探討團體生活中的規範，包括各種規範和法律。

再翻到課本中的內容，我們會看到許多不同顏色的小標，例如3-1的小標有：「社會規範」、「風俗習慣」、「倫理道德」、「宗教信仰」、「法律」、「遵守社會規範，維持社會秩序」等；3-2的小標則是：「法律的意義」、「法律的功能」、「犯罪行為及處罰」、「法律對兒童與少年的保護」、「生活中的法律」。小標往往很容易會被孩子忽略，需要特別做說明。

標題的重要性是希望孩子建構概念。教師不妨請孩子思考：「為什麼課本要這樣編排？」「翻閱課本後，你知道3-1這個段落裡，為什麼要規劃『社會規範』這個標題？」原來，社會規範又分成風俗習慣、倫理道德、宗教信仰、法律，這些都是我們要遵守的。而3-2又另外談到「法律」，這表示法律和我們息息相關，或許因為可能有更多的規定，所以獨立成一節；也可能是因為犯法有罰則，所以獨立成一節。而課本中特別有談到「法律對兒童和少年的保護」，可能是因為閱讀教科書的主要讀者都是兒童與少年……

在回答這些思考題時，老師記得一定要讓孩子自己說出來，而不是直接告訴他們正確答案，這樣才有意義。如果在翻開課本前，孩子可以有這樣的思考，他學到的就不會是片段的、零散的，而是比較整體的概念。這可以幫助他連結脈絡，更可以在其中看見思考邏輯。很快的，你會發現孩子比以前更會問問題，因為他開始思考了，也開始自問：「我學習這個，跟我有什麼相關？」

多幾次練習後，有時孩子還會發現課本編排的邏輯有奇怪之處，所謂「盡信書不如無書」，這樣的思考訓練也可以遷移到閱讀其他書籍、掌握綱要。即使是數學科亦然。

課文內容的段落也有祕密

接著，再進到課本內容，3-1的第一個小標：「社會規範」。光是這一頁，有小標、有文、有圖，練習讓孩子閱讀後，看看怎麼分類：

社會規範（小標）

1. 在日常的生活中，人與人之間難免會發生衝突，因此每個社會都會建立一套所有人共同認可與遵守的規則，這些規則就稱為「社會規範」**（原因）**。社會規範的存在，有助於約束個人行為、增進人際關係和諧，並維持社會秩序。**（功用）**

2. 社會規範並非一成不變，會隨著社會變遷而產生變化。此外，不同文化之中的社會規範也會有所差異，因此我們應該入境隨俗，理解並尊重不同文化的社會規範。

（特色）

3. 在現代社會中，主要的社會規範包括：風俗習慣、倫理道德、宗教信仰和法律。**（分類）**

和孩子討論之後，其實會發現三個段落，說的就是三件事情：原因與功用、特色、分類。有些孩子很快可以說出「原因與功用、特色、分類」，有些孩子似懂非懂，抽象的上層概念名詞說不出來，可以問：「這些都有什麼共同點？」或是多給同類型形成集合概念。如果孩子說不出來，師長可以直接說出。

或許你也發現了，經由這樣的課文架構思考練習，孩子未來書寫文章時，也學會運用這樣的層次概念進行文章的架構。讀寫合一，其實用心的讀，也能促進寫的能力發展。

圖片也有祕密

在社會科中，建立圖文連結也很重要。有些抽象的概念，利用圖片來解釋，孩子也要讀懂圖片的意思。例如課文中有幾張圖片，分別是：「西方人常以擁抱、親吻或貼臉的方式來打招呼」、「東方人多以握手鞠躬的方式來打招呼」等，就可以加在例子中。在下圖中，可以看見整頁的內容已經很清楚、簡單的整理成一張重點。而做筆記的特色就在主動做筆記時，孩子已經深入的思考過，因此各項的連結都更加深入。

練習用不同顏色的筆來進行書寫

做筆記和直接閱讀最大的不同在於，做筆記的過程是在主動地思考與整理頭腦裡的訊息。透過筆記，

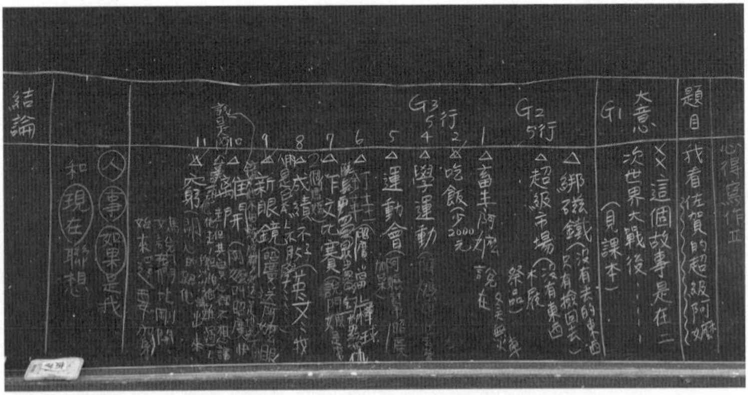

教師口語引導學生、梳理重點，並在黑板上示範筆記重點及用色。

我們看得見孩子理解到什麼。選用不同顏色的筆，不僅可以讓筆記富有變化、減少孩子的排斥感，同時也可以運用顏色來增加印象，幫助記憶。

只用一個顏色時不容易看出重點，但顏色太多，反而會造成失焦，孩子一直換筆也會造成干擾。因此孩子第一次寫筆記時，我只會請孩子用四個顏色：一般使用藍筆；紅筆用來寫畫重點；紫色或綠色用來寫例子；螢光筆則用來畫非常重要或常錯的地方；不確定的地方則可以先用鉛筆。並且請孩子將用色原則抄錄在社會筆記前面，方便翻閱。

同儕鷹架

在我的班級教學中，不管是教導筆記策略或是其他比較需要高層次運思的能力，我都會開放孩子去看看別人的筆記，進行觀摩學習，讓孩子對不同的筆記建立個人品味，還能提升學習動機和相互情感交流。

反覆練習

要注意的是，孩子是剛開始學做筆記的初學者，所以不要給予太大的壓力，每次一、兩頁就好。等孩子完成後，宜先給予增強，然後才給予引導和建議。

學習新事物時，從起點行為、教學、評量到修正回饋，需要不斷「刻意練習」。筆記完成後的檢核與修改，正是刻意練習的關鍵。表現優秀的孩子可以指導其他同學，從學習者角度進階到指導者，學習的層次也隨之提高。

這裡分享一個我批改筆記的好方法。因為筆記批改不易，我通常會對著全班的孩子問：「風俗習慣的意義，有同學寫進筆記嗎？」「有同學寫到，各項社會規範比較，法律特別具有強制性嗎？這裡有寫到加二十分！」……最後統計加分分數，直接蓋章就好，孩子也富有榮譽感。

鼓勵孩子在筆記上做的努力。一個小部分有寫到，就可以為孩子加分，其他的孩子見賢思齊，也會馬上在課本上找到，了解自己哪裡疏漏了，馬上做記號並補入筆記。翻開孩子的筆記就會看到加分章，誰的筆記寫得比較好，一目了然。同時也可增加教師批改作業的效率，明確掌握全班學習狀況，規劃下一階段的教學。

共同筆記

如果教學時還有多餘的時間，可以請孩子分小組做筆記在黑板上。不僅能共同討論分享，也可以過一段時間再檢核與複習。針對課本有些單元更抽象、更困難，也可以採共同筆記方式，一起練習。

相關書籍來幫忙

之前提過，我通常會先在班級中預放許多書籍。國小社會科大多是配合台灣史相關書籍，有些書籍已事先引導介紹，讓孩子平時先閱讀，就可以彌補教科書因篇幅限制而缺乏脈絡的缺失。因此，其實教學上每個環節都是相關相扣，在時間軸上彼此連帶循環。

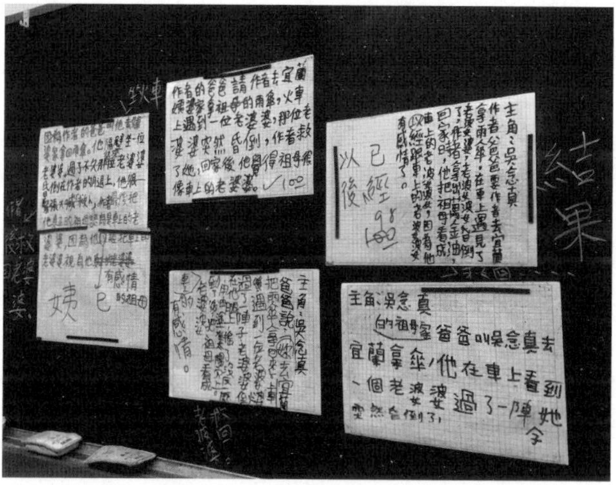

各組學生經由討論進行課文結構分析，並製作出文字摘要。

錯誤抄錄

在教學中發現，孩子在學習上經常遭遇的困難除了有讀不懂課本以外，其實更多是無法有效地類推與應用。例如考題如果是課本中的語句，孩子能正確回答；然而一旦「換句話說」或是出現新的概念，孩子就會看不懂而無法判斷。這其實和孩子的閱讀量、理解力，以及生活體驗與抽象思維有很大的關係。

如何提升孩子的類推與應用能力？最簡單的方式，就是從準備一本「錯誤本」開始。切切實實的面對錯誤、分析寫錯的章節、內容，從錯誤中學習，自然可以大大的提升。不過就長期來說，還是需要大量閱讀、奠基閱讀理解能力，才是根本之道。

至於有些題目需要運用比較高層次能力，像是應用、分析、綜合、比較、評析，則靠教學方法和引導來協助孩子跨越，例如透過思辨、辯論、編一份當代報紙、替人物開臉書、相關影片補充、各種社會史觀的切入、新聞閱讀追蹤、資訊素養等，那又是另外一個層次的教學了。

家長看過來

陪孩子寫作業，我該扮演牧羊人、化妝師還是馴獸師？

我常覺得當家長是一個三維向度的歷程：X軸要隨著孩子的成長、能力、不同階段學習目標做調整，時而催油門，時而踩煞車；Y軸則是因應不同孩子的個性，選用不同的策略，為焦慮的孩子減輕心理壓力，為散漫的孩子用番茄鐘上緊一點發條；Z軸則是家長自己的個性、價值觀和修練。因此，陪孩子寫作業時，家長到底該扮演牧羊人、化妝師或馴獸師，絕對沒有標準答案。

我們能夠掌握的，只有大原則：在孩子小時候，建立起寫作業的習慣和態度；等孩子大一點，幫助他去看見作業對自己學習的意義和幫助；最後，讓他激發出自己對自我的要求、對學習的渴望，最後愉快地走在終身學習這條路上，不斷自我超越。

孩子寫作業時，家長該做什麼？以下五點是我的建議：

◆陪伴孩子養成習慣

孩子低年級時，一放學回家，先洗手、吃過點心，補足能量稍作休息後，讓孩子學習在固定地點寫作業。這時家長在旁看書、工作皆可，重點是陪伴孩子，讓他養成習慣，知道要事第一，先把重要的事情做完。初期孩子可能會分心，可利用時鐘幫助孩子掌握時間感，再視孩子的專注程度，每日慢慢延長寫作業時間，必有進步。

◆家長不當「橡皮擦父母」

作業的意義是促進今日所學的理解、加強學習內容，如果家長在旁盯著孩子，寫一字、擦一字，不僅一直打斷孩子的專注力，更會讓孩子失去成就感。如果我們終極目標是希望孩子可以獨立完成，就需要在過程中漸漸放手，讓孩子完成後，再稍微檢查、修正即可。即使孩子是在安親班或學校完成，親職依舊不能全部外包，家長仍需親自檢視孩子的作業。

◆作業是學習的反射鏡

作業代表孩子的學習狀況，如果發現孩子錯誤太多，可以馬上進行學習診斷：例如國字常寫錯，可以加強部件識字、從字義統整學習；如果是文意理解困難，也許在閱讀和理解、提問上加強；數學計算容易粗心，則可以請孩子放聲思考、驗算等訓練耐心；若是課堂上學習效能差，可思考怎麼聯絡老師在課堂上給孩子協助，不然一日一日累積，到後來累積過量，孤臣無力難回天。家長要善用作業這項學習和能力的反射鏡，從中讀出許多成績單和聯絡簿上看不見的密碼。

◆如實呈現孩子的作業狀況

家長在檢查作業時，千萬不要希望孩子每天交出「百分百完美」的作業。作業其實也是孩子和老師的評量，評量孩子今日所學的內容，也讓老師自我評量今天的教學。如果家長或安親老師讓孩子交出全對、無懈可擊的作業，就彷彿是化上濃妝的作業，不僅老師看不出孩子學習的盲點和學習困難，孩子自己回頭過來看，也完全看不出過去的學習歷程。

那麼當家長檢查作業時發現錯誤，該怎麼辦？建議家長可讓孩子自己在作業的錯誤處做記號，讓老師了解孩子錯誤的全貌，掌握孩子學習狀況和自己的教學品質。孩子也會在學習歷程的點滴紀錄中，發現錯誤帶來的學習價值，之後複習也會更有效率。

◆讓孩子自己找錯誤

孩子慢慢長大，家長要開始逐漸放手。檢查作業時不再一一告知哪裡有錯，而是告訴孩子「這頁有三個錯誤」，讓孩子自己挑戰偵錯，再逐步擴大範圍，最後讓孩子自己檢查功課。許多家長常質問孩子：「你每次都粗心大意……」，然而當我們事事都為孩子準備妥善，將他該盡的責任攬在自己身上，孩子便有恃無恐，甚至心想：「為什麼要細心注意？」家長千萬不要以「愛」變「害」，讓孩子學習承擔，他才會學會飛。

孩子平日點滴的學習，比起月考前的大複習更重要。正確的學習態度能帶給孩子成就感和自我觀感的提升，這些都不是急就章的速效速成所能看見的美麗風景。常見孩子小時候因大量練習複習卷考題而獲得亮眼成績，卻缺乏良好學習態度與系統性思考，因而在高年級和國中後當面對更難、更抽象、更複雜的課程，就一敗塗地、挫折滿滿。愛孩子，千萬不要只看現在啊！

07

☆ 段考前：擬訂計畫

複習計畫
幫忙綜觀全局

TEST

讓孩子自己超越自己！

/

07

memo

段考前

擬訂計畫

面對學校考試及孩子成績高低，一直都是師長心中的大魔王。但如果每次考試前，最緊張的都是師長，一邊忙碌於排定大小測驗、一邊對孩子耳提面命、疲乏轟炸，一次一次，除了自己心累以外，孩子要到何時才能自立成長？

重新思考考試的意義

評量和測驗的原意是希望協助孩子找到學習的盲點，也讓師長了解孩子的學習狀況。雖然成績不代表一切，但面對評量和測驗，該抱持什麼樣的態度、該如何準備，是段考前重要的一課。

回歸學習的根本，孩子應了解學習的責任在自己身上，試著為自己規劃複習進度。當孩子能夠盡全力準備，評量結果才得以真正反映出學習盲點，師長也才能進而在學習過程中給予協助。因此，我在考試前發下「自我複習表」（見別冊：自我複習表），希望讓孩子學會擬定計畫、全力準備，評量的結果也才能因孩子全力以赴而具有參考意義。

國中、國小的段考考試範圍不大，對孩子來說，考試前把所有範圍重新準備一遍、複習一遍，至多只需一至兩週的時間。藉由「自我複習表」，可以協助孩子有效掌握讀書進度，也協助家長了解考試範圍、內容、重點和孩子的進程。而隨著每日填表的資料，家長還可以藉此表一窺孩子面對學業的態度、毅力和執行力。從這小小的練習中，可以看見孩子平時不易被觀察到的那一面。

指導思考計畫的步驟如下：

◆發下表格，先請孩子寫下複習的科目和範圍

在教學現場，即便老師已經耳提面命許久，但有些孩子還搞不清楚考試的科目和範圍，甚至連日期往往都眾說紛紜，還得親自詢問科任老師呢！

低年級可以簡化表格，中年級先以一週的時間規劃。孩子年紀比較小時，師長可以陪著

一起擬定，先幫忙規劃幾項後觀察孩子的狀況，之後逐漸將規劃工作轉移到孩子身上。高年級則以兩週的時間規劃。國中可再拉長時間、加入大範圍考試的計畫方法。

◆請孩子設定一個自己想要達成的分數

這項是最難的一點。常見師長替孩子設定分數，使得學習和孩子距離遙遠，似乎是為了師長要的分數而學習。如此，孩子無法認知到學習是自己的事。

讓孩子自己設定分數，能從設定分數高低看見孩子的自我觀感。完美主義的孩子非要一百分不可，完全不給自己犯錯的空間，這樣的孩子容易得失心重，失落也大。自我觀感低落的孩子則是完全信心低落，只給自己一、二十分的期許，對學習失去信心與興趣，很容易從學習中逃跑。

因此，我通常引導孩子正確看見自己，可以從上一次的成績出發，微調十分上下，不好高騖遠，但也不要看輕自己的能力，重要的是「和自己比」，可以每次比上一次的自己更好，只要突破自己，目標就達成了！當然，如果當次考試難度太難或太簡單，也需要納入考量。通常當目標寫下，孩子都磨刀霍霍，蓄勢待發。

◆帶著孩子複習一次

在長期的教學中發現，其實很多孩子缺乏「學習策略」。怎麼樣刻意練習？怎麼知道自己學會了沒有？針對不同類型的孩子有哪些不同的方法？可以帶著孩子複習一次，思考不同科目的複習方式。

★國語包含生字、注音以及閱讀理解和語文應用等。翻翻國語課本與習作，看看哪些生字容易寫錯？哪些大題需要口說練習？把書蓋起來，請孩子寫一寫、說一說，在複習過程中建立孩子的後設認知。

★數學重在概念和應用，不能只有用眼睛看，一定要讓孩子說說概念、親自算過題目。請孩子發表哪些是重點複習項目（單元的核心概念、之前簿冊上有錯誤的地方、比較有變化的題目等），也可讓孩子出題目考考自己。

★社會科可以自己畫出這個單元的架構圖嗎？看著目錄可以說清楚單元間的脈絡和細節嗎？不同例子間的關係是什麼？

★自然科的實驗可以畫圖說明嗎？可以說清楚實驗步驟嗎？

把各科需要重新複習看過的簿冊羅列出來，課本哪裡需要看熟、習作哪些要親自練習一遍、筆記若時間不許可，哪個部分優先複習？

建立孩子自己的思考與學習模式，遠比發下一大堆考試卷，讓孩子寫得痛苦、老師改得麻木，來得重要許多。

讓孩子用頭腦好好的思考一次：該怎麼複習、複習和自己學習的關係、怎麼用最少的時間獲得最大的效益？師長沒辦法一生陪伴孩子左右，讓孩子學會清點資源、因應問題，比起考試成績，更有意義。

◆保持彈性

計畫完成，就需要落實到每天的方格。思考每天可以複習的科目範圍、簿冊，並填入每天的方格當中。我請孩子使用鉛筆，以增加彈性。

剛開始，孩子常貪心地在一天裡訂立太多目標，對自己時間內可以完成多少沒有概念。請孩子思考，平常放學寫完作業還剩多少時間？事實上，下午回家，即使沒有補習，寫完作業、加上晚餐、盥洗等，時間所剩已經不多。

怎麼做最有效的運用？在學校的時間最長，如果可以在上課時用心聽講、配合老師的進度複習，又或搭配學校的小考，這樣既可以準備平時考，又可以省下在家複習的時間，一箭雙鵰。

再將每一個單元劃分成小部分，平常週間複習幾個小部分，週六、日則可以增加份量。如果遇到學校規定的小考進度，則可以擦掉原來預定計畫，先準備學校小考的範圍。

當今天沒有時間複習時，就可以用鉛筆彈性調整挪動計畫。有彈性、減輕壓力，才不會半途而廢。

◆每天實踐

完成自我複習表，接下來就是每天進行實踐了。

剛開始，寫完功課之後還得坐在書桌前複習，孩子一定很不習慣，有的草草了事，有的隨便敷衍。因此在自我複習表後的方格，我會請孩子寫下當天複習過後的心情。

很多師長會問：「要不要買測驗卷？是否需要在旁邊一一盯著孩子複習？」事實上，這張自我複習表其實是希望讓孩子藉由紙筆記錄的「可視性」，看見時間流逝的成本，看見一日一日的流逝，以及每天完成的結果，屏除「好像還有很多時間」、「明天再說吧」的錯覺，最後可以透過和未來以及過去的自己對話的過程，去看見：擬定計畫的自己，有想望、有抱負；實踐的自己，可能認真、也許敷衍；最後面對結果的自己，或許滿意、也有可能是滿滿的失落和後悔……這些，都讓孩子從表格中看見時間軸上每個點的自己。

不同的孩子，不同的引導方式

實行自我複習表後會發現，班上的孩子大約分成三種：

★跑比較前面的孩子自己會規劃、有充足的學習動機、自我複習表上都充滿感謝，自己超前進度複習，不需要老師擔心，早就已經自律了。

★中段的孩子比較有惰性，需要考試才會往前動一下。家長通常用獎品和懲罰來威脅利誘他們讀書。在需要創意的作業上，往往隨便應付、草草了事，抱持「我有做完」的敷衍心態。常常問：「老師這個會考嗎？」

★跑最後面的孩子，大多缺乏學習動機，學習對他來說沒有意義，上課常睡覺發呆。需要花很多時間來激發他們的內在學習動機。

孩子的自我複習表充滿自主性，成績是自己訂的，老師不干涉；進度是自己訂的，老師不過問。他們必須理解，這件事情和自己有相關，是自己想要做的，而老師對他們充滿支持與期許。

開始自我複習的隔天，我會關心地問孩子有沒有複習，有複習的給予口頭勉勵，沒複習的詢問是否有困難。這時孩子往往都充滿挫折，沒有達到自己對自己的要求，我也不苛責，請他再把昨天的進度挪到今天或後天即可。

孩子在表上可以看見他沒有複習的部分，成為將來負擔較大的份量。對於這些孩子，我會給予一些空白時間，在課堂上複習一、兩課，充分帶領複習的技巧，並讓孩子把自我複習表上的這些範圍畫掉，讓他們牢記成就感，多給他們支持。

對於後段的孩子，我都會大大鼓勵：「我知道你們比較辛苦，複習需要比別人花更多時間，但老師一直看見你們的進步。」如果全部達成太辛苦，我也會看狀況引導他們複習最重要的地方就好。更多的時候，我發現這些孩子是因無人引導、不會調整策略，像有個孩子功課沒有完成，是因為跑去複習自然，但當天沒有自然課，複習自然不是最緊急的事。可再與孩子討論、學習與調整。

很多次都無法達到目標的孩子，我會表達我的感受，但更重要的是，一再重新表達我對他們的期望。詢問孩子：「哪裡需要老師協助？」並給足支持。

有的孩子一回家就慣性坐到電視前面。過程中我會多次陪著這些孩子，讓他們自己把之前沒完成的進度一項項寫在黑板上，完成後一項項自己畫掉，老師則隨時在旁邊給予溫暖的支持。

有些老師認為這樣會養成孩子依賴的習慣。但我想做的就是陪他們一段，讓他一直記得，就算功課沒寫、就算一直對自己食言、就算對自己失望，還是有人一直陪著他、等著他、對他充滿希望。

就算孩子一直沒有做到某些事情、對自己感到失望也沒有關係，因為還是一直可以訂新的計畫、還是有機會重來。只要想改變的心還在，那就永遠來得及。

複習計畫知易行難，師長給支持

你我都曾是孩子，也曾在每年開始時訂下計畫卻沒能完全落實，只好隔年又重來一次。對於落實計畫，你我都知道其中的不易。

自我複習表對我來說，重要的不是孩子最後獲得的成績高低，而是和孩子對話的過程，只有在讓孩子坦誠面對他自己，可以有自由選擇或是犯錯後悔時做省思，學習才會有意義。也只有當親師鬆綁，用引導而非硬性規定的填鴨、用詢問而非斥責、用思考而非死背，才能將學習責任導向孩子，讓孩子自律掌握時間、踏上自學的道路。

家長看過來

注意話語與文字為孩子帶來的力量

和孩子相處的過程中，彼此傳達的「話語」和「文字」很重要，因為那代表的是彼此深層的信念和想法。因此，互動時真心真意地聆聽，聽出對方內在的聲音，是改變的第一步。

我常遇到很多家長給我回饋，有一位媽媽聽完我的分享後激動地說，她以前得過許多人的幫助，所以未來也希望盡自己的力量，讓這個世界可以更好。

但她最後加了一句：「可是我什麼都不會！」

我嚴肅了起來：「要注意自己的每個意識流，以及話語和文字的力量。孩子就像一台攝影機，你的一舉一動都會在潔白的心靈上留下痕跡。」心理學有個詞叫做「比馬龍效應」，又稱為「自我實現的預言」，強調師長的一舉一動都會加強暗示，影響孩子的自我觀感；經常使用負面的話語和文字，可能影響孩子的表現和成就。

所以，當婆婆說：「三小姑比四小姑厲害。」我馬上接：「各有各的厲害，不用比較！」當婆婆說：「大寶認真、二寶懶散。」我立馬回：「大寶認真壓力大，二寶散漫心理健康，不同個性的孩子，無法比較！」

當孩子開始會評價自己時，要不斷給予正確暗示和歸因。例如二寶發現自己學得比大寶慢，我說：「你有自己的速度，不用和姊姊比。不管怎麼樣，媽媽都愛你，沒有條件。」

家長對自己也是如此，要經常傾聽、覺察自己腦中浮現的聲音，到底說了些什麼？是：「又來了」、「煩死了」、「你就只會找我麻煩」，還是：「本來挫折就是必經過程」、「孩子這樣黏我，真是可愛，我要好好把握這段日子」、「犯錯沒關係，改進過後，下次會更好！」

孩子一面看著你的背影，一面成長。你委屈、你犧牲、你埋怨，孩子會以為這樣才是愛，學你犧牲自己又充滿怨懟；你自由、你豐盛、你精采，孩子會知道要學會付出前，先愛自己才有餘裕裝得下別人，然後活出自己的天命！

所以，我們應該這樣說：「我很重要、我是世界上唯一的花、我很獨特、我對身邊的人很重要、我的存在就是美好。」對自己、對孩子，都要慎用正向的思想、語言和文字。並且記得，美國汽車大王亨利福特的名言：「不管你認為你能或不能，你都是對的。」

08

☆ 段考後：反思

反省，讓孩子超越過去的自己

TEST

停下來反思，
是成長的契機！

08

memo

段考後
反思

在段考之前，我們已經請孩子寫下自我複習表，設定自己想要挑戰的成績。在進行了一段時間的複習後，現在終於要透過考試驗收成果了！在評量成績公布之後，師長千萬別忘記帶著孩子一起省思，收下時間給的禮物。

師長的敦促確實能讓孩子改變，但若想要促成長久且持續的改變，需要從孩子的內心出發：思考改變行動、行動帶來習慣、習慣形成性格、性格左右命運。而改變思考最快的方法，就是讓孩子自我省思，誠實面對真實的自己。

還記得嗎？幾週前，孩子曾在自我複習表上寫下預期分數。現在，在讓孩子把真正獲得的成績填入空格之前，帶著孩子穿越時空，看看當時自己對於預期分數的想望和期待，問他：「當時你是怎麼對自己說的？」

看看過去的自己，欣賞自己的努力

如果孩子達成自己的目標、有盡力或成長了，請孩子對自己說一聲：「你太棒了！」讓孩子學習欣賞自己、稱讚自己。師長別急著過度的要求孩子：「你其實可以更好」、「下次你這裡可以怎樣怎樣」；凡事慢慢來，比較快。漸進的達成目標，孩子對自己的評價會因為目標逐漸達成而提升，信心也會一次比一次增強；太快、太多的要求，反而為孩子帶來焦慮和習得無助感。

有些家長為了鼓勵孩子成績進步，只要每次考試達到家長要求，就把現有的零用錢加倍，如果未然，就酌扣一些。但最後隨著年級愈高，教材難度逐漸超乎孩子能力，於是孩子的零用錢就會被扣光了；當結果只剩下懲罰，反而讓孩子完全不想嘗試努力，逐漸陷入「習得無助」。在教學現場中，我也看過很多孩子抱持著「因為我不想嘗試所以失敗，不是我沒有能力」的想法，藉此逃避失敗，避免讓家長失望。因此，師長需要建立和孩子的對話空間，讓孩子看見自己的成長。重點在於孩子自己的省思，師長從旁觀察、詢問即可。

如果孩子達成目標，請記得，要好好欣賞你的孩子。一次比一次進步，總會到達想要去的地方。反觀只想贏在起跑線上的，往往跑不到終點；只在乎終點的，往往無法享受過程。

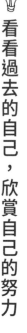

如果孩子有進步，就好好讚賞他的努力，別把標準從一百往下扣，而是從孩子上次的成績看見進步的幅度，看見孩子不簡單的努力，當一個稱職的啦啦隊隊員吧！

小心獎勵帶來的反效果

另外，在教學現場也經常聽見有些孩子說：「我爸說，如果這次考得好就買蘋果手機給我」、「我拿到好成績，就可以得到一千元」，這類孩子所在乎的往往是成績的表象，而非挑戰自我的學習，進而導致其學習動機、耐挫力較為低落。

相反的，我曾遇過一位老師同事用小小一顆「森永牛奶糖」激發孩子的學習動機。在那個炎熱的六月天，包裹著糖果的半透明包裝紙都已被汗水浸溼，裡面的牛奶糖都沒了稜角，那個高年級的大男生卻珍貴的捧著糖說：「我要帶回家給爸媽看過才能吃。」

老師是怎麼激勵孩子的？她當著全班的面說：「老師知道有些同學對文科不是很在行，但這次月考以來，老師真真切切看見這位同學的努力和付出，像是筆記寫得用心又負責，還會自己找答案填入。這顆小小的森永牛奶糖雖然到處都買得到，但卻代表我對這位同學的尊敬。」於是在全班同學的羨慕眼光與熱烈掌聲下，老師將這顆小小的糖果頒發給這位努力的孩子……

孩子在用心學習的過程中獲得成就感與自我價值感，再加上師長的關注及精神性鼓勵，學習本身就已經是最好的報酬。相反的，物質性的獎勵雖能帶來暫時的刺激，但對孩子來說，背後隱含的意義卻是：「我是為了獎勵獲得好成績，學習是一件辛苦的事。」那麼下一次呢？物質的獎勵只會無窮無盡，更傷害了孩子的內在學習動機，不可不慎！

把學習的責任還給孩子

同樣的，千萬別以責罵和處罰代替孩子的反省，不要剝奪孩子可以自省自立的機會。應該把學習任務與責任還給孩子，引領孩子思考這些科目和自己的關係，以及這次沒有達到預定目標的原因。

去除題目太難、題型不熟悉等因素。以討論代替責罵，聽聽孩子怎麼講，他們可能坦承自己功課都用抄的、沉溺3C產品、懶惰、愛看電視、複習不夠確實、太過自信、粗心、寫得速度太慢……只有把學習責任還給孩子，孩子願意誠實面對自己，才有進步的可能。讓孩子拿出決心、想好自己可以採取的行動，然後去貫徹執行。不管最後有沒有成功，都能透過自省、行動、接受。至少真真切切想過、努力過，就能無悔。

當然，這絕非一蹴可幾，初期可能需要多些引導、陪伴，陪著孩子一起擬定計畫、每天詢問進度，之後可能變成兩天問一次。一段時間後，可以開始嘗試放手讓孩子試試挫敗的滋味，從失敗中思考自己是否需要改變。

當孩子畢業後，不會記得每一次考試的成績，卻會牢記挫敗的苦澀滋味，以及他是如何改變而達成目標。放手之後，小鷹才會懂得飛。

形成「具體」的改變行動

每一次發現問題，都是修正自己的契機，但這工作得靠自己，別人完全沒辦法幫你做。得讓孩子從心開始，面對自己的弱點，每一次正確歸因、找出問題、尋求解決。深呼吸，靜下心來好好地想，看見自己沒有達成的原因，例如孩子常提到的：沒複習、太粗心、計算太慢、太小看題目、看不懂容易放棄、忘記以前教的部分、在難題卡住、忘記還有其他試題、心一急就亂猜……

那麼我們可以做些什麼，來幫助孩子改變？

★沉溺在3C裡的孩子：我們一起思考，也許先找幾個同學互相提醒、家長固定時間關掉網路、利用在校時間就先把作業寫完等，這些都是學生自己向我提出的方案，只要可行，都可以試看看。

★上課會恍神的孩子：我們一起想出上課時要觀察某些同學，看看他們都利用時間在做什麼，有模仿的對象，就有改變的動力。

★粗心的孩子：我們一起細細回想，究竟是讀題目時粗心？還是計算時粗心？讀題目時試著圈出關鍵字，幫助自己集中精神；計算太慢，則平常要用計時寫功課來做訓練，最後統一檢查，避免因為粗心而失分……

當孩子遇上問題，重要的不是問題本身，而是看見問題之後的抉擇與行動。然而，這些針對不同原因、適合不同學習類型的學習策略，在教學現場時常被忽略。老師一句「要細心」、「要檢查」或許就把問題輕鬆帶過，卻無法真正幫助到孩子。仔細分析問題後，將原因及下一次要改進的具體行動寫在複習表下方，並請家長一同過目與見證。

一學期多次的自我複習表

在下一次考試之前，別忘了再把上一次的反省和行動拿出來，回想上一次跌倒的地方、對自己宣告要做的努力，並落實在這一次的考試中。經過漫長的時間，就會看見自己和目標愈來愈近，進而提升自己的信心。

這時的重點已經不再是名次與成績，而是「有沒有達到自己要求的水準？」「自己有沒有盡全力？」這是一個孩子面對自己、和自己比賽的歷程。即便發現自己沒能達成應有水準、自己不夠努力，無論如何還是要誠實面對自己、找出問題，思考解決的方法。我認為，這將是我們給孩子最好的禮物、最好的身教。

找出不是努力就可以改變的孩子

在教學中，發現的面向比較多元。常有孩子是因為理解力低落、本身能力不足或基礎不穩，因此再怎麼努力都沒有辦法在眼前的考試中成長。這些孩子有些很容易就能發現；有些則是口語表達順暢，但某個層面有著無法輕易跨越的困難，要經過鑑定才得以發現。例如：我曾遇過有孩子因為基礎太差、不了解概念，長期數理科考試都是亂槍打鳥，經過許久時間，才終於願意說真話、面對自己的問題，於是五年級時從三年級的分數開始補救，然後成績就一飛沖天。

也曾遇過看似聰穎，邏輯和思考卻差強人意，常常在師長高期待中受傷的孩子。每個孩子的成長有快有慢、天賦也有各種可能，在學習階段紙筆測驗比重仍重的現今，不得不多提點為這些孩子發聲。老師除了透過平日問答互動早日發現其特質外，也應在平日教學中創造多元舞台，像是空間、人際、肢體、音樂、內省、自然等，讓孩子有展現不同天賦的機會。

重要的是計劃、執行與反思調整的過程

這裡以自我複習表為例子，事實上，在其中包括自主學習裡設定目標、尋找策略、監控與調整、省思與改進，這些思考切入，在每一次的學習和探索，都是一樣的。培養自主學習和獨立思考需要時間，一次不行，需要多試幾次。小範圍孩子掌握了，下次擴大範圍、增加一點難度、拉長一點時間，一次一次。

成績不是宣告學習結束的終點，人生的時間軸會不斷往前，最怕的是考試完畢，給予獎勵或處罰後就雲淡風輕，下次卻依然輪迴如故。既然成功並非一蹴可幾，不斷挑戰時間軸的自己就是重點，考試前的自我複習表，雄心壯志和每日努力點滴在紙上寫得清清楚楚，考試完別忘記把證據拿出來，面對以前的自己，不斷對話省思，在時間軸上跨越。

家長看過來

該不該幫孩子報名安親班或課後輔導班？

對孩子來說，放學後最理想的狀態是：回家後，在家人的陪伴下書寫功課、複習課業、放鬆休息、閱讀書籍、進行體能活動、探索興趣等。只是同為雙薪家庭的家長，我很能理解上班族家長的辛苦，特別是家有低年級孩子，每到中午就放學了，家裡若沒有其他幫手能看顧孩子，家長往往陷入分身乏術的狀況。也有些家長因為不熟悉現在的學校教法，導致每次輔導孩子課業問題時，就讓親子間陷入劍拔弩張的狀態。因此，安親班和課後輔導班便成為家長不得不的選擇。

一般來說，學校的課輔班以完成功課為主，不太加強複習，輔導時間也比較短。安親班則較具有多樣性，單科補習、美語、加強課業等，接送孩子時間也可以依照家長下班時間而做調整。該如何為孩子選擇理想的課後班？以下是我的建議：

選擇安親班先看門道，確認一下：

★**立案及安全**：安親班是否立案？學習環境與附近周邊是否安全？消防設施有無符合規定？接送車輛是否合法？

★**理念**：是否重視正常學習、注重孩子多元發展？家長除了可以多和安親班老師聊聊對成績和學習的想法、常用的處罰方式，觀察現場孩子和老師的互動，或是詢問安親班中的孩子及家長意見。

★**師生比**：一個班級有多少學生？一個班級涵蓋哪些學校的學生？有無混齡編班？一個班級搭配多少老師？想一想，一個安親班班級裡有可能就含括了三個學校的孩子，如果每個學校有四種作業，總共就有十二種不一樣的作業。如果基本作業還好，如果又是學校老師出的創意作業，那麼安親班老師該用怎麼樣的方式一一輔導學生？

我就看過孩子繳交的造句作業上，有安親班老師直接幫忙寫的字跡，且造的句子和答案本上一模一樣，也聽過孩子說安親班老師要他們把數學算法都背起來就好，不用去思考。如此一來，家長花錢讓孩子接受填鴨，反而抹煞了學習動機，培養被動的學習態度。

因此，孩子從安親班回家後，有兩點是家長一定要守住的價值：

★**親自觀察小孩的功課**：前面已談及，作業是無價之寶，藏有許多密碼。別忘了善用對話，詢問孩子在安親班是否有負起學習的責任：小日記是安親班老師一邊唸、孩子一邊寫？報告是老師直接找好資料貼上的？筆記是抄老師寫好的？家長要確認孩子對作業和學習的態度是敷衍完成就好，還是精益求精、力求創意。如果家長行有餘力，不妨和安親班老師約定針對一些比較需要孩子發揮思考與創意的功課，可以在安親班打個草稿，回家再和家長一同完成。

★做好親子互動的功課：親職中最重要的作業是親子互動，像是家人間彼此聊天、共讀一本書、做家事等，絕對無法外包給安親班。既然是「親子」作業，一定有它的意義，能從中了解彼此、交流情感、聊聊價值觀，這些都是安親班老師沒辦法代替家長做的功課。

親職永遠無法外包，課輔班和安親班只能扮演協助的角色，最重要的教養責任，依舊在家長身上。今天家長的偷懶，最後總要付出代價的，而任何的成功，都彌補不了家庭的失敗。為孩子選擇一個理念正確的安親班，當安親班為孩子的學習做了最基本的協助，回歸本質，最重要的還是回到家長身上。

陪伴孩子，是家長責無旁貸的責任。對孩子來說，家長是無可替代的存在啊！

09

學期三分之二：彈性調整

倦怠來襲時的覺知和調整

累了，就暫時停下來。
慢慢來，比較快。

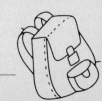

09

memo

學期 $\frac{2}{3}$ 彈性調整

從學期初的興奮與期待，經過兩、三個月的相處，師生間開始彼此熟悉，但「行百里者半九十」，教與學的倦怠也開始產生。這時校外教學、運動會、期中考、對外比賽等耗費力氣的大活動剛剛結束，天氣乍暖還寒，眼看寒假或暑假即將來臨，期末事項既繁且多，對於師生來說，都是一大挑戰。經過長時間的努力，人心趨於疲乏、意志力逐漸耗盡，於是倦怠就會慢慢浮現。

倦怠直接衝擊到的，是學生對課業的態度、師生間的相處，以及學生之間的關係。當師長意識到這些微小的變化，給與孩子體諒並容許學生犯錯，有足夠能量適時因應改變，才能有好的教學品質。

我從大量的紀錄中發現，學期到了三分之二時（約在上學期十二月、下學期五月左右），學生間的衝突會增加，也是課業問題最需要輔導的高峰期。因此每到這個時候，我就會有意識地針對以下幾個部分進行調整：

檢視自己的生活和情緒

停頓下來檢視一下，看看從開學至今，自己是否已經累積過多的壓力？一心忙於工作之際，是否使得生活一塌糊塗，壓縮了運動、休息、旅行、閱讀，以及與家人相處的品質？我自己就經常發現課程繁重的那幾日，回家後即使對自己的孩子也都會比較不耐煩。彈簧必須先放鬆才會有彈性，這或許是人之常情。然而，一個情緒安穩的大人的陪伴，對孩子來說是最重要的身教，更別說是教育場域中最重要的大人：教師。

整天緊繃的工作，連續一學期會造成過勞，而長期過勞又會變成惡性循環，影響身體健康和情緒，對組織和個人都絕非理想狀況。短期權宜之計可以，但長期卻是內耗，會耗盡最重要且難以回復的「健康資本」。

教育就像是一場長途馬拉松，若選擇在短時間內過度消耗，即使暫時取得領先，終將不過是煙花一現。當孩子看著你過於「拚命」，也不是好事，因為他學到的是「完美主義」、

「苛求自己」與「犧牲」。任何事情過與不及都不是好事。因此，健康第一、家人第二，拉長時間來看，才是長遠的王道。

課題分離

別把孩子的行為當成是自己的責任，不要把孩子的人生背在自己身上，人唯一能改變的只有自己。不過度期待一定要看到成果。如果孩子的行為沒有改變、作業依舊未交等，不要在心裡默默當成自己的責任，也不要把它當成自己是否是好老師、好家長的唯一評價來源，農夫也沒辦法讓所有種子同時間發芽啊！人不是機器、表現難免會有起伏，只把時間拉長，就會看見孩子從開學至今的進步。我們該著重的是孩子的進步，而非不足。

如果試著看見孩子行為背後的脈絡，那些長期不寫功課的孩子，也許是還不知道方法、還沒建立起好的習慣、家中無人支援等，完成功課的難度自然比起其他孩子更高。我們其實不難想見這些孩子心中累積的無助以及低落的自我觀感：「我知道要寫，但真的好多」、「功課這麼多、看起來好困難……」、「我一定要好好寫，但我可以寫好嗎？寫不好怎麼辦？」於是焦慮會在孩子心中延續好久，因而一再拖延。等到他一回神，作業依然沒有寫完。我們都曾經知道某件事很重要，但卻輸給了恐懼，何況是孩子呢？

和孩子討論這件事對他的影響，帶著他看見後果，如果暫時無法有所改變，就交給時間。此外，目光也可以個別孩子的特定行為，轉向班級整體的成長，可能是上課專心度、可能是彼此理解、可能是和同學間相處融洽，千萬不要跳進鑽牛角尖的誤區。

放過自己，看見自己的努力和用心、肯定自己願意努力。放過孩子，看見他已經比之前進步，肯定他想要改變。一起，往更好的地方一起走去。

調整課程和活動

一成不變的教學，難免令人陷入疲乏。而從開學至今，孩子的能力也有增長，不宜永遠一套教學模式和作業，因此在補給站的時間點，我會變化教學風貌，孩子會因為有新鮮感而雀躍，更增加刺激或是跨越，將阻力變成助力。

像是語文科教學，光是生字我就有五、六種不一樣的教學方式，可能是老師講解、學生上台報告、賓果遊戲、讓小老師進行教學、造字影片、部件教學等，根據不同時期和不同程度來隨機運用，讓學習具有更高層次的學習。

其他像是綜合課可以聯合健康課，利用課程舉辦營養早餐自己做、家事競賽、野外求生等。不同的課程利用求知的趣味、活動的期待，保溫學習的溫度，在此時孩子基本學力建立、師生已有默契，趁此時間調整課程活動，倦怠期其實很珍貴。

當師生都陷入倦怠之中，師長可以試著以身作則，每天鼓勵、讚賞孩子。在生活中以激勵取代責怪，才能尋回教與學的最初熱情。有時不是孩子不好，只是我們因倦怠而暫時失去看見美好的眼光。

接下來，就要迎接繁忙的期末了，考卷、複習計畫、期末考試、訂正、各項成績、製作成績單、下學年課程計畫、學籍輔導紀錄冊填寫、評語、假期作業、學習扶助資料整理、作業抽查、行政表單、計畫繳交成果、期末回顧、期末活動規劃、整理學期學生作品等。一項一項，先安定自己，提前準備，不慌不忙地著手進行。

家長看過來

為什麼孩子愈來愈沒有學習的熱情？

我常從孩子口中聽見他們最討厭家長說的話：

「你就是每次都這樣。」

「為什麼你不能像其他兄弟姊妹一樣？」

「我看你就是不想做。」

「你根本就不行！」……

聽得連我都覺得難過了起來。

每個孩子有不同的特質，而最傷人的就是家長拿孩子來「比較」。「比」這個字可是有兩把刀呢！比較的話語像把刀，狠狠地砍在心頭上。當家長拿孩子和兄弟姊妹、親友子女比較，得到就是手足成仇，孩子自我觀感低落，最後甚至變身為全身都是刺的刺蝟孩子。比來比去真的百害而無一利，家長最好連在腦海中想想都不要。

當孩子開始說：「上學好無聊，我可不可以不要上學。」該怎麼辦？

試著看見孩子深層的想法，給予無條件的支持尊重。偶爾改變上學路線、造訪讓人耳目一新的餐廳、一起到不同的地方旅行與探險、睡前親子間愛的對話等，在平凡日子中給予不平凡的期待。其實光是「對話和擁抱」，就可以讓孩子獲得滿滿的幸福感。

請師長多給時間，看見孩子性格的另一面，如果讓孩子成熟需要時間，請多等他們一下，別太著急、別太快下定論，持續呵護他們的學習熱情和動機。

小學，只是孩子學習過程中很小的一段，請家長放寬心！

10

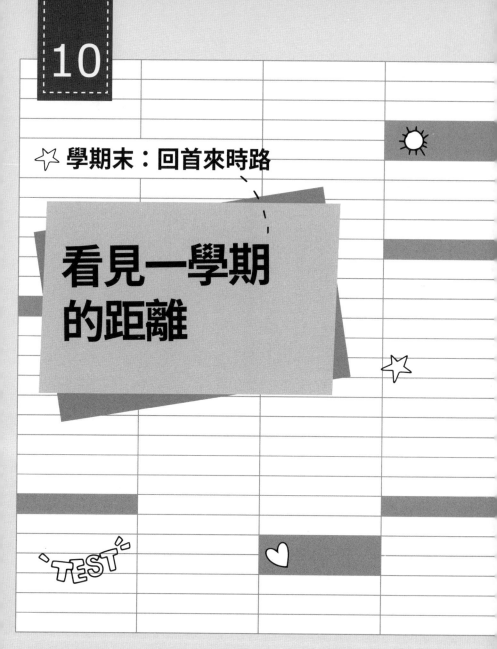

☆ 學期末：回首來時路

看見一學期的距離

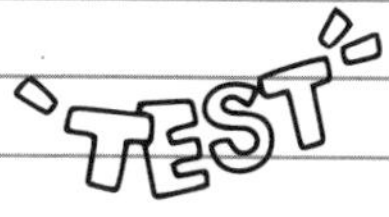

回顧和反思，
才能引爆內心想改變的力量。

___ / ___

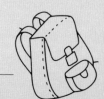

10

memo

學期末
回首來時路

滴水穿石，重要的不是石頭、也不是水，而是「持續」。研究發現，比起天分和努力，「恆毅力」才是孩子成功最重要的關鍵，但恆毅力怎麼培養？要怎麼讓孩子相信自己可以改變？除了我們之前談到，師長首先要以身做則之外，其實從開學到期末這一路走來，從計劃、實行、調整等過程，也都是恆毅力的展現。

因此，期末的這最後一里路，就是「看見」及「省思」，回饋之前的計畫與實行，成為恆毅力源源不絕的動力。

開學初，由師長和孩子擬定的目標，經過一個學期的執行，孩子若成功了，會獲得成就感；與期待有落差而失敗了，也會得到省思。無論是成功或失敗，終將成為灌溉自己的養分。經由實踐和實作，孩子會不斷思考自己的能力、他人的評價，最後透過「看見」，更了解自己的專長和特質，塑造心中理想的自己。

只是，人是健忘的動物，我們經常被時間誘騙，放大一年的功效，卻忘記一天的能量。也因為如此，常常在年初下定決心的新年新希望，轉眼幾個月就忘得一乾二淨，無法看破時間的障眼法，難以看見每日的小小成長，持續之後將帶來天大的變化。

在此，分享幾個我在期末經常帶著孩子實踐的活動，利用簡單的方法看見自己的點滴成長，看見自己如何成為現在的自己，並思考、決定是否改變：

從照片回顧快樂時光

在一整個學期當中，教師經常會以拍攝照片的方式記錄孩子的生活點滴，像是從學期初開學第一天、大掃除、上課情形、班際比賽等各式各樣的活動。教師可利用中午時段播放照片，過程中不僅會聽見孩子清亮的笑聲，更能藉由回顧來時路，看見自己怎麼走到現在，歷經多少努力的過程和開心的時刻，也藉此看見一個學期的足跡，讓孩子的心中對「一個學期」的時間感，留下更加深刻的印象。

從學習檔案看見成長

不管是期初的小日記、之前的作文、學習檔案和各項作業，期末時可以拿出來公開展視、開放給其他同學觀摩，讓每個孩子透過他人回饋獲得成長。雖然每個孩子落差小，但經過一學期時間的發酵，每次都努力以赴的孩子，會成為一甕香醇的美酒；相反的，每次敷衍馬虎、隨便應付作業的孩子，當回顧整學期的歷程後發現，期初和自己實力不相上下的同儕，在期末時已經拉開距離，特別是在比較艱難和抽象的學習能力上，當他親自見證其他同學的進步而感到驚訝時，更要提醒自己得要做出想要的「選擇」。

這些無論是令人驚喜或令人驚訝的成果，其實都是孩子一點一滴的成長，一日看起來不明顯、一週看起來不清楚、一個月看不太出來，但橫跨一個學期後，在累積了一百天的成果，會更能清楚感受到時間的重量。

從成績評量標準具體回顧自己的努力

在學期之初，各個科目都會發下評量標準通知單，說明有些科目有定期評量和作業，評量標準又包括態度、合作等細項。以數學評量標準為例，總成績除了段考外，還包括小考、習作的書寫與訂正、上課專心度，以及和組員討論合作等。

發下通知單時，建議師長可以先與孩子一同閱讀及討論，讓孩子了解接下來應該如何學習，同時建立正確的認知，也就是光是紙筆測驗的分數，並不足以代表學習歷程中所投入的努力。我們希望看到孩子在整個學期中積極投入、努力不懈的態度，並能夠堅持到底。

到學期末時，師長可以針對各項成績和孩子個別談一談，一同回顧孩子這學期的學習情況。當我們向孩子傳達「努力」的重要時，就應該言行一致、有始有終，真正關注孩子在學習中的投入與堅持，讓孩子看到自己的努力被重視，並了解下個學期可以再精進的地方。

省思作文，拉近過去和未來距離

在快速回顧整學期的校園生活照及個人學習成果作品後，有時我會讓孩子進行文字書寫，深入回顧並思考這學期的成長。書寫的主題也許是：「這學期最喜歡的活動」、「學習到的知識、技能或態度」、「自己的成長與不足之處」，又或是對未來的期許等。例如：

◆題目：寫給過去和未來的自己一封信

讓孩子先感謝自己過去的努力和堅持，欣賞自己的優點，再提醒自己應該注意的地方，最後寫下給自己的祝福。因為向「自己」喊話，可以坦白面對和思考：我是一個怎麼樣的人？我希望未來可以長成怎麼樣的人？師長從中也可以多方了解孩子。

這個活動也適合放在期初，讓孩子寫一封信給五個月後（期末）的自己，當成給自己的叮嚀，等到期末，再請孩子拿出期初的信來兩者對照，並回信給自己。這時孩子不免會發出「我以前寫得好糟糕」的反應，但可以藉此清楚看見自己心裡的想望和進步。

◆題目：寫下給自己的期末評語

請孩子寫下給自己的「期末評語」，再和老師的評語比較看看，讓孩子試著用不同高度看自己，也看見自己在別人眼中的樣子，也是很好的省思活動。或是展現老師的評語，讓大家猜猜是給哪位同學，見證同儕的進步和優點，對孩子的推動力量更大。別忘了，老師的評語不只用在課業上，而是多元呈現在孩子的進步和亮點，給予鼓勵和期望。

利用這些活動，將不同的時間「點」連成一條條的時間「線」。也許等新學期開學之後再拿出來讀一讀，慢慢形成自己的初衷，讓「想望」時時被提醒成為「思考」和「行動」，才能真正看見自己，主動發生改變而非自動導航、隨波逐流。

化期末為新學期規劃的起點

到了學期末，師長也要省思自己的教學和教養，隨著一個學期過去，方向是否始終如一？若方向一致，那麼期末就是豐收的時候；若方向出現偏離，可以從孩子留下的各項紀錄，思考方向是否需要微調，並仔細檢視自己在教學、課業指導與班級經營行動背後所蘊含的深層價值觀。

像是運動、閱讀及寫作、自學能力、班級品格主軸等，時間花在哪、成效就在哪，省思回顧就在哪。對班級的思考、對個別孩子的思考，都將成為下個學期規劃的起點。

為學習拆鷹架

期末另外一項重要的工作就是「拆鷹架」。當孩子初學時，我們給與引導與協助，但孩子不能永遠處於需要被看顧的狀態，他會不斷思考、不停成長。因此，當下一次遇到類似任務時，師長可以考慮視孩子成長情況，選擇給予更少的規範引導，讓他在更寬廣的空間中自由翱翔。

舉考前自我複習表來說，第一次教師是手把手帶著孩子做，當一次、兩次之後，有些孩子慢慢會找到自己的複習方式，這時如果還用逼迫、每天限制複習的項目，反而變成妨礙孩子成長的限制。

每個孩子的成長速度不一，但當孩子開始自主學習時，速度相當快速，師長們也要隨之調整，也許是拆鷹架及放手，也許是轉而給予跨越題型，也許是一週檢閱複習計畫一次就好。就算心裡知道孩子其實沒有複習，也不積極插手，甚至讓孩子自己跌過一跤，反而讓他對於學習會更深刻。總之，都是需要先了解孩子的個性與狀況後，再做思考與改變。

教育從來沒有標準答案，也沒有絕對公式，沒有一蹴可幾的速成之道。每一個孩子都是獨一無二的個體，教師所能做的，只有帶領著孩子不斷嘗試計劃、實踐、檢視、省思，沿著時間的軸線，向著遠方的目標與信念，堅定邁進！

11

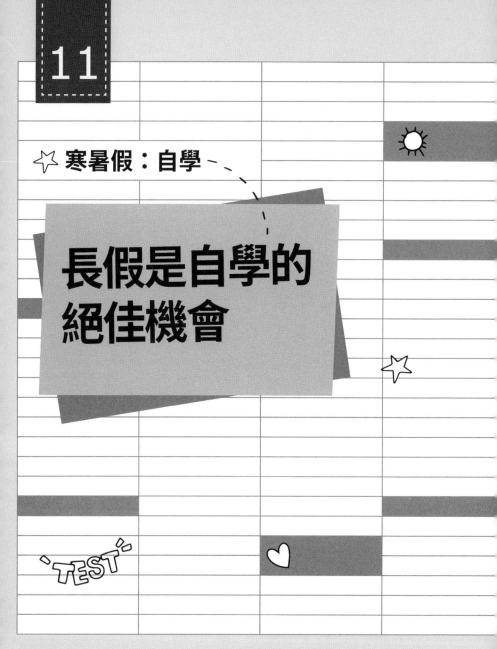

寒暑假：自學

長假是自學的絕佳機會

寒暑假長時間空白探索，
才能造就黃金自學力！

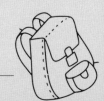

11

memo

寒暑假
自學

關於寒暑假作業經常有所爭論，到底教師要不要指派作業？還是讓孩子有一個快樂的暑假。對此，我覺得關鍵在於對「作業」的思考。

回到作業的意義，是希望協助孩子學習，不管是為下一個階段做準備，或是為現在的學習做拓展延伸等，應全面性看見孩子的需要而綜合考量。

舉例來說，如果指派的作業是紙筆作業、購買廠商製作的練習本，或是請孩子練習每天寫一篇日記等，然而開學之後教師若無暇批改，進度在即，草草處理，那麼作業就變得可有可無。但如果是像我一樣長期在偏鄉任教，會發現因為沒有帶著孩子規劃假期，導致開學後經常在課業上出現「假期滑坡」，或是還曾經發生孩子開學之後，竟突然忘記自己的名字怎麼書寫，那麼，寒暑假作業不僅需要，還得好好規劃。

基本作業與重要學習內容

在規劃之前，我會先考量班上的情形，以思考作業的份量。例如學校若有在假期間舉辦多天營隊活動，例如：課業輔導、獨輪車、游泳課程、烏克麗麗與繪畫、陶笛課程、扯鈴、作文閱讀營、足球、桌遊程式設計，且班上大部分孩子都會參加，那麼暑假可利用時間已經不多，指派的作業份量就可減少。此時可以指導孩子利用各種形式記錄所參與的活動，像是心智圖、作文、繪畫、影片、簡報等，讓孩子在真實世界「運用」學習到的能力和技巧。

除此之外，我通常規定的基本作業如下：

★簡單的數學回顧練習。

★均一教育平台指定課業的補救複習（行有餘力進行新課業的預習探索）。

★PaGamO平台幫全台灣國中小師長設計的每週任務，直接點選就能讓孩子在假期中免費複習學科，超級方便！一邊玩樂、一邊學。

★運動、閱讀、家事的生活記錄。

★寒暑假生活報告（形式不拘，開學後進行報告）。

上述指派基本作業的目的，在讓孩子不因假期而停滯，而且作業量不多，常有孩子一週或幾天就完成。然而最重要的作業，則是那些平常因為時間限制，無法指派的學習內容。像是自學、追夢、安排自己的時間、學習練習獨立自主的探索等。要如何引導孩子在假期中投入這些重要的學習內容上呢？

首先，可以先運用表4「自主學習任務表」，讓每個孩子在學校時先針對自己想做的主題進行思考，例如：運動類、美術類、語文類、養育類、家事類、音樂類、視聽類、旅遊類、休閒活動類、烹飪類、烘焙類、電腦類等。

如果孩子想進行的主題未能歸類在表格內也可以，例如曾有孩子對我說，他想要研究怎麼「製作機器人」，不管什麼主題，只要孩子有興趣、想學習的都可以。

擬定目標，搜集資訊

擬定完自主學習的主題，接下來要擬定具體的小目標與進度，像是孩子選擇烘焙類，小目標就是學習製作三種小點心；籃球類，可以是學習投球率提升到五〇%；家事類，或許是獨立照顧還是小嬰兒的妹妹一天；繪畫類，畫一張自己滿意的水彩畫、一則漫畫皆可；烹飪類，學一道義大利麵；養育類，餵食家中的寵物蛇；語文類，投稿十篇自己滿意的作品等。

表 4　自主學習任務表

運動類	棒球
	籃球
	樂樂棒球
	躲避球
	田徑
	登山
	游泳
	跳舞
	直排輪
	武術
	露營
	其他
美術類	工藝
	美術作品
	素描
	繪畫
	雕塑
音樂類	流行歌曲演唱
	英文歌謠演唱
	樂器演奏
家事達人	衣物整理
	打掃家裡
	其他
養育達人	種菜、種花、孵豆子
	飼養動物（養昆蟲、毛毛蟲、顧好家裡寵物等）
	其他

語文達人	演說
	說笑話專家
	朗讀
	寫作投稿
	書法
	精進一種語言（閩南語、英語、國語等）
視聽達人	電影評論
	電視節目評論
	YouTube節目評論
	其他
旅遊達人	自助旅行行程規劃
	旅遊分享
	其他
休閒活動	釣魚
	編織
	下棋
	其他
烹飪達人	中餐
	西餐
	烘焙（蛋糕餅乾等）
	其他
電腦達人	影音編輯
	程式設計
	學軟體
	其他
其他	

接著就是行動。帶孩子到電腦教室，利用教過的搜尋技巧：聯集、交集，像是「籃球技巧」和「籃球　技巧」就大不相同。如何下關鍵字？像是簡單入手的烘焙可以多下「新手」、「簡易」、「第一次」、「初階」、「簡單」等關鍵字。這樣的教學也融合了語文和上層概念的邏輯。怎麼找尋需要的網頁和影音？怎麼把重要資訊寄到自己信箱？在茫茫網海找出自己需要的資訊，並進行統整。

另外也搜尋學校相關圖書，書籍還是比較有統整概念，如果沒有相關書籍，還可以「薦購」，最後每個人都有幾本同主題的書籍可以運用，進行主題閱讀。

我總認為，學習需要在真實情境下才有意義。學了要用、為了用而學會充滿動機。過程中，還要動腦微調。像是搜尋出來許多餅乾食譜，裡面許多用具不好購買、只為使用一次而購買也是浪費，許多食材材料也很難搜集。但我們可以動腦，用不一樣的材料、選擇不一樣的食譜、利用隨處可拿到的代替品。像是沒有堅果可以捨去不用、泡打粉很難購買可以換食譜、沒有很多模具可以利用小碟子、杯蓋等代替，不一定全部都需要花錢。

除此之外，我也讓孩子同樣主題的同一組，降低自學難度。教學當中，因為孩子的年紀還小，所以還特別叮嚀如果假期要外出和同學一起練習，一定要告知父母行蹤；如果要用到火等用具，也要經過家長同意。

開學後的檢核

開學後孩子除了上台分享，還可以利用綜合課時間，當起小老師，將學習成果教導全班孩子，增加學生的互動和學習的多樣性。

最後的結果是，在孩子們一一分享後，進行投票表決和評分，票選結果是街頭籃球、棒球基本知識、幼兒照顧和烤餅乾四個組別，將把學習成果教導全班孩子，成為授課小老師。擔任棒球課的小老師，還特別買了一盒六顆棒球來分享，連我也是第一次學習直球、指叉球、變速球，原來是握球的方式不一樣啊！對孩子充滿崇拜！

這樣的一堂課，讓我在孩子的眼神中看見了學習的光芒。孩子發現自己也有可以改變生活的能量、也感受到自己也能對他人造成大影響而提升自我觀感。當班上進行一次這樣的自主學習作業後，等到下次假期來臨前，孩子都紛紛詢問這次可否再進行，他們又有了新的點子。讓孩子自主學習，其實真的不難！

假期中，教師為孩子做的其他規劃

我面對的孩子通常學力基礎較低，因此我會在假期中，尋求在校開課的機會，像是通常會有的「課業扶助」、「數學奠基計劃的數學好好玩」、「閱讀寫作營」，一方面進行課業的補救，另一方面因為假期時間較為寬鬆，可使用多元的方式進行教學，像是活動、遊戲、創意活動，通常孩子都搶著參加，甚至還有他班的學生在走廊觀課。

舉「自主閱讀營」為例，我規定孩子只要假期到校一早借書或閱讀一段時間，就可以在「閱讀卡」上蓋一個章，而要不要到校都是自願的，完全不勉強。到校之後，圖書室裡輕柔的音樂、閱讀的氛圍、老師和志工們也會人手一書以身教示範，共同沉浸在閱讀氛圍中。不遲到、不早退、安靜閱讀不發呆，也是蓋章的基本條件，一切都在自願的環境下運作，閱讀本來就是「自發」的事。

學校圖書館在假期前，也會舉辦「新書推薦會」活動，讓看過書的孩子以戲劇的方式介紹新書，吊足其他孩子的胃口。假期中，圖書館會大量上架新書：《波西傑克森》、《神奇樹屋》、《手斧男孩》、《金庸全集》、《怪醫黑傑克》等，無不吸引著孩子到校的動機。

假期結束後的獎勵則是，全校老師帶著全學年閱讀卡蓋章前幾名、和值得鼓勵的孩子，一起到校外走走。我和孩子曾一起去過大學圖書館、高中圖書館、市區大型書局，用閱讀獎勵閱讀；冬天爬爬山認識生態、觀察一群小猴子；走訪鄰近社區文化，西螺老街、西螺大橋巡禮。如果無法進行校外活動，小規模活動則可以參加校長室的閱讀下午茶，和校長一同聊書等。最後讓孩子發現，閱讀本身就是獎勵。

利用孩子假期中的黃金時間，不但可以延續上一學期的學習，更可補足學期內難以實現的學習，是重要的寶藏。

師生互動，掌握孩子狀況

漫長假期中，除了透過返校打掃日了解孩子假期狀況，在「均一教育平台」、「學習吧」、「PaGamo」等數位平台觀察孩子學習狀況外，我還會發下明信片，請孩子自由選擇在假期裡寫信給老師，老師除了會回信以外，還可以獲得老師的小禮物。

老師的角色經常是催化者。當孩子缺乏經驗，我們就創造經驗；孩子已經學習過的知識，更要安排機會讓知識變成應用，提升知識使用的機率，讓孩子在真實情境中實踐。因此，孩子寫過書信，就練習寫一封信寄給老師；學過電子郵件，就寄一封電子郵件信給老師。無時無刻為孩子創造實作的機會，就是最好的學習。

記得某個寒假的假期中，我陸陸續續收到了孩子的「禮物」，有的在信中熱情洋溢的祝福東、祝福西，讓我看得眉開眼笑；有的孩子發揮畫圖長才，將作品裝飾得精美無比；有的述說著寒假生活，即使沒見到面，也讓我知道寒假時的狀況；還有孩子在信上「告誡」老師不要吃太多，不然可是會變得胖嘟嘟。

在假期中了解孩子的狀況好處多多，除了有助於了解孩子，還可以減少孩子開學時的焦慮。因為當開學師生見面時，當教師熱情的詢問信上寒假生活的細節時，孩子們都驚喜的絮絮叨叨，話匣子一開停不了，師生關係瞬間加溫。當孩子對老師感覺到親切時，哪裡還會有什麼開學憂鬱呢？

教師利用假期，活出自己的精采

最後，我想談一談教師的假期。

經過一個學期長時間的緊繃、進度、全方位的關注孩子，到了假期，最重要的就是老師要好好放鬆，無論心情和健康方面都是。該放鬆就該放鬆、該「me time」就該把時間給自己。先照顧自己，才能照顧學生。讓自己處在平衡的狀態，對孩子來說也是很重要的身教。

你不委屈自己，孩子才會覺得自己很重要；

你不犧牲自己，就不會對孩子情緒勒索；

你追尋自己的夢想，孩子會知道他也要活出自己的精采。

透過旅行、追夢、看書、研習等各種體驗，擁有一個精采的假期。假期精采、生活精采，學習和教學才會精采！

家長看過來

比安排營隊更重要的事

面對長假的來臨，許多雙薪家庭的家長有如蠟燭兩頭燒，不僅仍要忙碌於工作，還要為如何豐富孩子的假期而煩惱，因此通常會為孩子安排、安排、再安排。但是千萬別忘記，對孩子來說，假期中的「留白」以及「和家人相處，創造共同回憶」，往往是比參加任何營隊都還要重要的事。孩子長大以後，可能不會記得他某年參加什麼營隊，但他會記得你曾經和他相處的時光，那些一同騎車、睡前聊天、說故事、散步等彼此陪伴的點點滴滴。

記得學校曾有位主任興匆匆地買了一台高價休旅車，打算趁假期帶兩個孩子出門露營、旅行，沒想到買車後才發現，孩子長大了，課業壓力重了，朋友在孩子心裡的份量也重了。後來，這台休旅車從來沒有載孩子出過遠門，那位主任只能望著孩子遠去的身影搖頭興嘆。

時間過去了，重要的卻會留下來。親愛的你不妨問問自己，想為孩子的童年留下些什麼呢？

12

☆ 返校日及開學：相遇

好的開始寫下故事美好扉頁

TEST

#然有序的第一次見面，
串串歡笑聲寫下回憶！

/

12

memo

返校日及
開學
相遇

開學前的返校日或是開學，是和孩子的第一次見面。這是和孩子緣分的起點，帶著期待、興奮、未知和緊張，如果是你，你要怎麼寫下第一次見面的回憶，讓分離那天來臨時，還記得初相見，且一切都是這麼一致？

如果帶的是新班，我習慣先簡單地自我介紹，運用幾個故事幫助孩子了解老師，並請孩子在聯絡簿上寫下老師的電話，有事情可以馬上聯絡。當老師去開會的時候，則請孩子寫「自我介紹單」（見別冊：自我介紹單），方便老師和其他同學互相認識。我也會特別請孩子一個個拍照，這樣隔天就可以馬上叫出孩子姓名，也可以做為之後珍貴的回憶。（往往開學與期末兩相比較之下，孩子高了、瘦了、眼睛有光，有趣得很！）

如果是舊班，我會請孩子翻閱新的教科書及聯絡簿，寫上姓名、貼課表等。接著晨掃、收暑假作業、成績單、相關回條、開學日提醒，以及開學需要攜帶的清單（參考表1：「開學收心操」表格）。

若還有空檔時間，我會請孩子發表暑假生活和玩小遊戲，不急著開始上課。孩子在假期之後，反應和聽話專注力會比較差，我自己錦囊中有幾個備用的遊戲，不管開學收心、孩子精神渙散時都可以緊急救援：

記名字遊戲

新學生彼此間還不熟悉、名字尚未記起來時，可以利用「誰是兇手」這個遊戲讓大家迅速熟悉。

玩法是：老師先指定一位同學當鬼，並手持報紙做的小紙棒，問：「誰是兇手？」當老師回答：「XX」（某位同學的名字），鬼必須跑往XX處。這時，被叫到名字的人要快速回答：「不是我、不是我，是○○！」依此類推，誰先答不出名字來或是被鬼追到，就要當下一個鬼。透過這個遊戲能讓孩子熟悉他人名字。要加深遊戲難度的話，還可以規定不可以回答之前曾經同班的同學，讓班級同學間更加熟悉。

記課表

剛發下的課表，學生一定也還沒記熟。這時，教師最煩惱的就是學生會一直問：「老師，下一節是什麼課？」所以，我會先解釋一下課表。通常每天都有的國語和數學會排在早上，再稍微介紹有無諧音的方式可以背誦課表，最後就以小組為單位，讓小組組員互相協助，幫忙記課表。當然，目的只在熟悉，背得不熟也沒有關係，老師會悄悄放水啦！

上課注意力遊戲

先和孩子約定，當上課說到某個關鍵詞時，全班就要做出某個動作（例如起立），因此只要有人動作和大家不一樣，馬上就可以抓到不專心的人。另一種玩法是，當老師點到某位同學，他左邊的同學就要一起站立回答。教師可以發揮個人創意和孩子一起玩注意力遊戲，不僅好玩，更可增加孩子的注意力和反應力。遊戲進行時間建議是正課前先玩五分鐘。

手指運作活動

下午第一節課，常會看見孩子睡眼惺忪、昏沉沉的模樣，這時候不妨透過簡單的手指操或舒緩操，可以提振精神，讓血液循環。或者是一起跳個舞、做個操，再開開心心的上課。

簡單來說，之前談及的開學前、開學時的諸多準備事項，連同每日的課程和進度、作業及訂正，都要一一放入每天的方格中，在每天的例行性事務、瑣事、上級新增加的工作、孩子突發狀況中，還得日日運行妥當，不斷向前，這些都需要師長的眼觀四面、耳聽八方的工夫，但只要心靜、安穩，心有底見，遇事喜樂以對，一切都好。

更重要的是，在這些繁瑣勞心的底下，看見根本和最重要的價值，勇於刪減不必要的瑣事！例如和他人的競爭、對自己的苛責、表面的虛榮。

不在孩子身上追求完美，不因為孩子的表現否定自己價值，真誠地欣賞彼此。找到自己想追求的教學風景，然後在班級中實踐；活出自己想要的生活，踏實地在教與學中茁壯，在愛裡成長。

開學快樂！

Part2

07

學校活動的教育目的

08

每個學校活動都是一個「點」，隱藏著重要的價值。
時間會將點延伸成一系列的「線」，
再經由教師的巧手專業編織成「面」，
這條用心織成的拼被，就是送給孩子的禮物！

09

13

家長日：溝通

令人感動又安心的家長日

TEST

家長和師長同心，
才能創造與孩子的三贏！

13

memo

家長日

溝通

開學過後沒有多久，通常學校就會舉辦家長日，請家長到校和老師見面，了解學校理念與一學期行事曆等事項。每次遇到這樣的時刻，我心裡就會自然浮現五個字，那就是「讓家長安心」。

試想，家長日當天來的家長，他們專程放下工作或休息時間，親自來到學校，究竟是為了什麼？其實就是因為關心孩子，想要一對一和老師確認孩子的在校表現。

如果教師想要讓家長安心，那麼不妨想想，從開學前的親師第一次接觸、開學以來教師數次在聯絡簿上記錄下孩子的優點，身為老師的我們還可以和家長談些什麼？如果是我，我會在平日多加注意每個孩子的表現搜集孩子開學以來學習的點滴並在家長日提出，讓家長明白老師是這麼細心的觀察與關心孩子，如此一來，家長自然就會感到安心。

以下是家長日前與當天，我會預做準備的細節與事項：

事先準備

★**以照片和作業呈現孩子上課時的表現：**親眼目睹的效果不同凡響，更能讓家長清楚知道孩子的上課情形。

★**分享孩子的小笑話與小事蹟：**可以拉近親師間距離，也讓家長知道孩子在學校和家裡是否言行一致。老師也可以準備全班作業或是配合課程的學習成果，增進家長了解孩子在校情形。或事先準備孩子給家長的一封信，當天感動家長，並讓家長回信給孩子，也是家長日很不錯的活動。

當天準備

★輕音樂、開水、點心等。

★電腦設備，可用來播放照片及影片。

★學校作業布置。可準備一項班級作業，展示不同孩子的同一項作品，引導家長看見自己的孩子與其他孩子的作業，適時引導家長思考孩子在群體中的位置。

★簡報製作與發放資料。例如：學校行事曆、評量標準、考試範圍與日期、教師班級經營說明。

★前幾屆孩子的照片與作品，讓家長安心。

當天流程

1. 活動前：在黑板上寫下家長日流程。先抵達班上的家長自由參觀學生作品。
2. 活動開始：
   老師報告學校行事曆、個人班級經營理念等其他事項（十分鐘）。
   家長自我介紹與回饋，每人約一分鐘（約十五分鐘）。
   選出家長委員，組織班親會（五分鐘）。
3. 臨時動議、家長自由發言。
4. 結論、散會。（有需要個別談話的家長可以留下來聊）

報告內容方向

★導師自我介紹。

★班級事務（尤其針對品格、學業兩大方面）。

★健康宣導，尤其請家長留意孩子蛀牙、身高、偏食、近視、運動等問題。

★其他重要議題和觀察，例如：手機沉迷、睡眠時數不足、作業態度、閱讀程度等。

★留下導師常用的聯絡方式。

會後準備

通常不是所有家長都能出席家長日，所以我會將家長日當天重要事項打成資料，發給未能到場的家長，並找時間另外請家長到校，或是進行家庭訪問。

家長日當天家長提到的孩子問題，我會在學期間持續追蹤觀察，並視情況回報給家長，建立起長期的親師交流合作關係。

實務分享　教師需要與家長建立班級LINE群組嗎？

成立班級LINE群組的原意應該是讓親師便於隨時溝通，透過共同攜手合作，一同協助孩子更有效、更有動機的學習。只是常見不同的家長對老師教學有不同的意見，每個家長若個別上傳訊息，訊息內容小自吃藥、穿衣，大到同學之間的紛爭等，又導致訊息量過多；若每個家長又希望老師隨時回覆，反而徒增親師雙方的壓力，教師彷彿又多了一個家長的班級需要帶領。

衡量之下，弊多於益，因此我比較傾向不建立班級LINE群組，若有事則親師個別聯繫，若家長想要私下個別LINE還是可以的。如果教師常有需要公告、討論的事項，現在也有一些好用的APP如LINE@或是Classting等軟體可以使用，可對群組家長發送消息，做好親師溝通、提醒全班注意事項、提醒臨時更動事項，又可避免上述缺點，有需要的老師可以參考。

特別注意事項

★**展現專業：**當家長提出各種問題時，教師是否能夠立即提出自己的想法和思考，與家長交流？例如當家長問到孩子作文能力差，應能從國語文教學出發，分享將如何透過一系列教學設計來幫助孩子。這麼一來，家長知道老師有全盤性的周全計畫，自然就能安心將孩子交給老師，並積極與老師配合。

★**有效兼顧：**家長日當天，以和全體家長全面性分享班級事務為主，與個別家長的討論宜以五分鐘、最多不超過十分鐘為限，以免忽略其他家長。屬於普遍性的教養問題，也可以由老師引導班上具有良好觀念的家長發言，彼此相互借鏡與學習。

個別孩子如有需要注意的地方，宜視問題輕重做不同處理。那些較輕微、會隨時間而進步的問題，自然不需提起；而那些較嚴重的問題，通常並非一時三刻所能改變，所以也只要重重拿起、輕輕放下，請家長稍加留意即可。千萬別把時間都給同一位家長、不斷苛責或是抱怨孩子。每一個讓師長傷透腦筋的孩子身上仍有可以發現的亮點，都是家長心裡的寶啊！請切記家長日真正的重點，在於能否讓家長願意和老師站在同一陣線，在往後日子裡同心協力幫助孩子成長。

★建立信任：此時才開學兩週，親師間彼此還不熟識，但家長已經對老師有一定程度的認識。透過開學前的電話訪問、聯絡簿的聯繫、孩子回家後所分享的校園生活，較常和孩子有互動的家長，都大概知道老師的帶班風格。因此切勿試圖在家長日「教育家長」，硬要陳述太多瑣碎細項，反而容易失去焦點。

有些老師也會在家長日利用不一樣的形式，像是低年級讓家長尋寶，找到自己孩子寫的卡片；體驗閱讀課的閱讀四人小組說書活動；利用密室藏寶進行學校行事曆溝通等，可以運用各種有創意的方式，讓家長更了解老師的專業。

★持續交流：之後親師互動時間還長，有些老師甚至會利用親師通訊或班刊定期和家長聯絡，或是舉辦親師聯誼等，不同地區有不同的做法，可先視學校風氣和家長特質再做決定。我則是善用家長資源。例如曾邀請幾位家長到校和孩子介紹工作，除了建立孩子對職涯的具體概念，對家長來說也是另一種更深層的親子交流。

在家長日，我是如此期許自己：使出渾身解數感動家長吧！讓家長知道你是一個多麼賞識他的孩子的老師，讓家長知道你是一個多麼專業又敬業的老師，讓他們對孩子未來的生活充滿願景和希望！

家長看過來

如何和老師有效溝通？

面對和我們理念相同、為孩子盡心付出的老師，家長通常會感動在心，那麼該如何向老師表達心中的感謝呢？其實一般老師的要求不多，簡單的隻字片語給予肯定、見面時口頭表達感謝，或是透過聯絡簿表達謝意，就足夠老師繼續燃燒熱情，無私地為孩子奉獻。家長也可以在學校主任或校長面前，具體說出事件和對老師的感恩，讓老師充分得到回饋和支持，讓用心的教學者受到肯定，可以更有能量地繼續下去，也為自己支持的教育觀投下一票。

相反的，如果和老師的意見和做法不同，又該如何和老師溝通？其實即使是身為老師又是家長的我，也覺得這是相當困難的事。一來，全班二、三十位家長的價值觀可能各不相同，將心比心，我自己對於家中三個孩子的教養也常傷透腦筋，一位老師又如何能為每位孩子量身設計不同的教學方式，以滿足所有家長的期待？二來，教育裡充滿許多價值觀多元且無所謂對錯的事，例如在網路上的家長社團中，常有家長爭論著「沒寫名字要不要扣分」、「要不要用尺畫直線連連看」等問題，不同主張的背後往往有著各自的出發點，其實都各有其道理，因此最重要的是怎麼和孩子溝通，以及孩子在這件事情上學習到什麼？

若孩子回家抱怨老師，這時家長可以先傾聽與接納孩子的感受，但在事情還沒有弄清楚前，請先別急著在孩子面前批評老師。如果是小事，我會讓孩子嘗試換位思考，想想老師的出發點為何？是否可以接受？無法接受的話，也別讓孩子盲從或屈服權威，可以一起思考有無雙贏之道？如果是大事，我會先向其他同學和家長查證，確定是否為事實，以免發生羅生門事件。

如果真的需要和老師溝通，不妨先以感謝老師對孩子有要求、肯定老師的出發點和用心為起始，在對孩子成長有益的前提下，尋找共好的可能做法。接著再說明家長重視的部分，詢問老師建議的做法。老師日常工作十分繁忙，如果需要當面溝通，我會在聯絡簿上詢問老師電話或是到校拜訪時間。在這樣的前提之下，其實大部分的老師都是可以接受的。

當然，如果已經危害到孩子的自尊或造成身體的傷害，也請務必要為孩子挺身而出，讓孩子相信在權威的大人面前，可以相信家長、求助於家長，明白家長是孩子永遠的後盾和支持。家長的身教就是孩子最好的示範。請記得，您的一言一行，以及面對事情的想法及態度，都對孩子影響深遠。

14

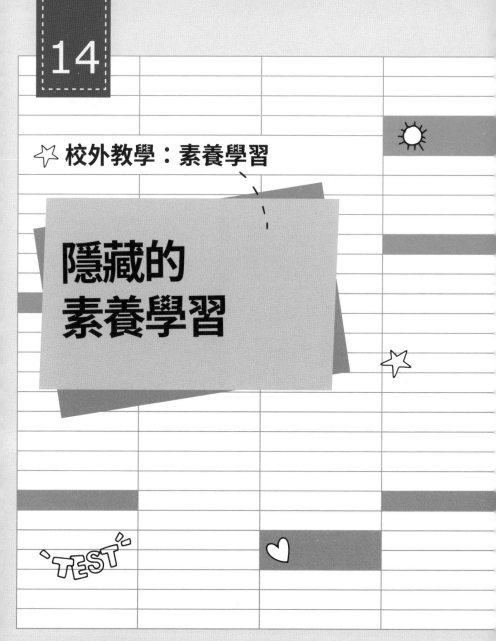

☆ 校外教學：素養學習

隱藏的素養學習

'TEST'

良好的學習體質，
讓校外教學更加分！

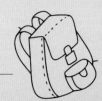

14

「校外教學」一詞既然有「教學」兩字，顧名思義，就是希望孩子「讀萬卷書、行百里路」，在活動的過程中能有所獲得。

然而，如果孩子缺乏良好的學習體質，校外教學的學習功能將受到局限，出門只剩玩樂，完全喪失從遊玩中獲得學習的初衷。當然，玩得開心十分重要，但如何從出門所遇到的人、事、物中進行觀察並有所得，也是需要學習的。

且學習不是只有發生在教室，或是只靠讀書而得。不管是讀書、讀人、讀景、讀心，從環境到待人接物、為人處世，樣樣都是學問。校外教學，往往是一清二楚的照妖鏡，照出真正的學習體質。

學生出門，如果能專心聽講、認真書寫筆記、求知若渴的閃亮眼神、舉手問出深刻的問

memo

校外教學

素養

學習

題等，都是師長期待見到的畫面。但孩子積極學習的態度、處處好奇的心態，必須從校外教學前就要開始準備，絕非一朝一夕之功。

從動機開始

孩子的學習動機和三者有關：

1. 這件事是否和我有關係？（自我相關）
2. 我是否有選擇或執行的自由？（自主性）
3. 我是否可以做到？（自我觀感）

有時校外教學地點的選擇是由老師硬性規定，當孩子一點都沒有興趣，莫怪孩子會啟動自動導航模式，校外教學時總是心不在焉。

如果可以的話，就讓孩子一同討論並選擇地點吧！如果地點實在無法選擇，可以在行前建立孩子與地點的關係，例如讓他們閱讀相關資料、書籍、網站，大一點的孩子甚至可以分組報告。請同學一起想想：和課本內容是否有相關？還有什麼是特別好奇、有興趣、想知道的？透過這樣的過程，可以幫助孩子建立連結、啟發動機，讓他們開始期待這次的旅程。

當孩子知道要去哪裡、會看到些什麼，而且對相關內容有所認識，這時就不再只是走馬看花，他們開始能夠從中看出門道、看出興趣，得到滿滿收穫。

聽力及體力訓練

孩子出去校外教學常需要聆聽導覽員說明，如何從「聽」中學？這就得靠平日的「聽力」鍛鍊了！我在學校朝會結束之後，常帶著孩子進行回想訓練，問孩子：「剛剛校長報告了三點，是哪三點？」「主任說了五點，是哪五點？」藉此訓練孩子聽人說話的專心度。記得有一次全校緊急廣播集合，我們班的孩子平日「聽力」訓練有素，所以最早到達，這次經驗使孩子深刻體會到，聆聽別人的話不僅是尊重，也和自己的安全大有關係，錯失聆聽的人可能蒙受損失。

「體力」訓練也是校外教學準備的重點，常見有些孩子一出門就喊累，一下子就肚子餓，體力太差，根本沒有辦法支撐一整天超過萬步的行程。只要建立起孩子運動的習慣之後（見20〈運動與恆毅力〉一文），孩子的體力變好，去哪裡都沒有問題，學習效果自然也會更好。由此也可以發現，其實班級中事事項項都是彼此互有關聯的，缺一不可。

建立學習的一貫價值與態度

上課專心、提問有問必答、願意嘗試、犯錯後立刻修改，這些都是在平日學校裡學習的一貫價值，不因所處的環境、所面對的對象而有所改變。無論在教室內還是教室外，孩子對於學習的熱情應該都是一樣的，這是需要從平日就建立起的好習慣。

老師示範及過程中支持

要求孩子做的，老師本身要先做到。除了事先搜集地點的資訊教學以外，在導覽行程的過程中，老師可以先行提問簡單的問題，提供統整資訊，幫助孩子掌握知識架構。

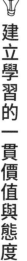

有時導覽人員講解的內容太難，這時老師可以提出基礎問題，適時降低難度；講解得太簡單、太省略時，老師也可以追問進階問題，挖掘出更多寶藏。校外教學的導覽是十分珍貴的，通常是團體預約才有的福利，各地的導覽人員臥虎藏龍，能說出許多不在解說牌上的知識，常讓我和孩子受益許多。

一般來說，教師只要透過校外教學的事前準備，讓孩子帶著好奇心出發，往往過程中的收穫都是大豐收，還常常獲得導覽人員的稱讚與感謝。相反的，常見校外教學現場導覽人員熱情導覽，孩子卻在一旁人手一機，對眼前一切漠不關心，這是多麼可惜。

殊不知導覽人員腦中，可藏著博物館的私房祕密景點，以及許許多多罕為人知的特別知識。我與孩子，曾在國立科學工藝博物館獲得導覽叔叔贈送手作摺紙，曾在台中科博館被導覽阿姨稱讚是「十八年以來最用心的聽眾」，更為我們加碼介紹平日不輕易展出的文物，當真是「聽君一席話，勝讀十年書」啊！

依孩子情況時時調整

若導覽太過冗長，老師可以和導覽人員商量能否調整時間，讓孩子有休息的時間，以及自由探索的機會。當隊伍拉得太長，後面的孩子聽不到導覽時，需要提醒後面的孩子可以調整隊形。最後，要提醒孩子留意過程中有無落下垃圾，並具體表達出對參訪單位的感謝、獻上感謝狀、合影等。

事後作業、統整及檢討

返回學校後，教師以播放照片的方式，帶領孩子回憶校外教學的過程，讓他們發表、統整，並進行省思和檢討。若要再深入些，還可以請孩子寫一篇遊記，完成後相互觀摩，看到自己未注意到的精采之處，互相激盪之下，每回校外教學都將比上回更加進步。也可將感謝函、活動照片、學生紀錄的收穫與心得等，寄給參訪單位，締造善的循環。

當然，校外教學出發前，教師還需要宣導行前教育、安全宣導、對會暈車的孩子分配座位、小組分組、叮嚀小組要一同行動等事項。校外教學要準備的事項雖然又多又瑣碎，但如果可以提前拉長準備時間、做好出發前的功課，校外教學才能算真正是「教學」。

看見校外教學的初衷

曾遇過孩子假期出遊回來，問他：「去哪裡玩哪？」他答：「不知道欸！我們有泡溫泉！」我又問：「那是去北部，還是往南部？」孩子頭頂彷彿冒出問號地說：「不曉得欸……」

曾帶班上孩子自助旅行多年的我，深深覺得讓孩子在生活中肩負起責任，就是最好的學習。生活情境中有著各式各樣的問題，可以讓孩子從複雜的資訊中進行統整、找出自己決定的方案，並承擔選擇的後果，從這樣的過程中獲得學習。

我在偏鄉教學多年，深感許多課本上的學習和偏鄉孩子的生活脫節。例如當孩子在五年級時才第一次搭火車，終於感受到原來三年級學的「火車時刻表」是有價值的！

曾有一個到了高年級連說話都說不清楚的孩子，在校五年來，無論師長同學如何勸說他都無動於衷，找不到嘗試改善的動力。他在籌備自助旅行的過程，打電話去客運公司詢問網路上查詢不到的資訊，電話那頭的客服小姐卻說：「你說的話我聽不懂，請你把話筒交給別人。」有時老師說、家長說，都比不上「事實說」，孩子受到挫折而落淚後，終於積極正視自己的缺點，願意學習把話說清楚。

為了因應旅行中各種可能發生的問題，我將孩子分成覓食組、預算組、交通組、博物館組等，讓孩子設想各種可能性。當然，孩子在討論過程中可能因為意見不合而吵架、遇到困難就逃避但又不願承認、丟車票、丟悠遊卡，丟背包、丟傘跑回火車上找卻差一點被火車載走、打破文具店的東西等諸多困難。然而，在面對每一個困難的當下，我只有問：「現在問題是什麼？」「那你覺得怎麼辦？」「我們可以怎麼做？」「下次應該要怎麼避免？」

於是，吵架的孩子合作了，迷糊的孩子成長了，就連常睡著的孩子都能夠適時醒來了。到台中孔廟時，孩子自己當起導覽員分批導覽，從歷史、建築、泮池、文昌筆等都能介紹來龍去脈。找公車、查詢資料又快又正確，使用ＡＰＰ比老師還厲害；聽導覽人員介紹時，因為功課已經做足，連被問及國資圖在哪條路上，孩子們也能說出答案，使得我們成為導覽人員口中第一個背出地址的團體，因為，這是孩子自己踏實做的功課。

在真實情境中，我運用孩子超級有熱情的一個專題，善用同儕的動力，以玩樂為誘因，讓他們在過程中統整所學，然後，隔年他們都可以帶著老師去旅行！

對我來說，學習運用學到的知識，在複雜情境中不斷使用、應用與反思及調整，是學習最有動機、最有效率的方式。這不正是我們所追求的「素養」嗎？

家長看過來

去旅行吧！最好的學習就在生活中

放假了！讓孩子決定這次旅行的地點吧。家長可以先用問題引導孩子思考，從「是非題」（你覺得連假出門好嗎？）、「選擇題」（你覺得去海邊好，還是山上好？）、「問答題」（你閱讀高鐵規定後，建議我們家怎麼買票才划算？）、「申論題」（不然你說服我，為什麼你的旅行方案比較理想？），透過這樣的討論，慢慢讓孩子培養應用、分析、綜合、評鑑等高層次能力。最後全家人投票，決定最後要去的地方。

旅行還能和課本學習做連結，來安排相關景點與博物館，除了印證知識外，還具備主題探索，加深、加廣學習印象。孩子於是明白：原來學習的內容和我的生活是有關的，不只是局限在課本裡；學習不是只有在學校，到處都可以學。當然家長難免擔心，如果讓孩子安排行程，萬一搞砸了，怎麼辦？其實就算失敗了，也是一種學習。我們當然可以把船隻全鎖在港口，這樣肯定非常安全；但那絕非我們建造船隻的理由。

15

☆ 運動會：合作學習

學習
與他人合作

一同熱血地追尋同一目標，
生命是多麼富饒！

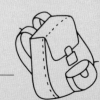

15

memo

運動會
合作學習

每個學校舉辦的運動會都有不一樣的風貌，有的是社區運動會，有的是運動會結合園遊會，有的則是學校以班群進行或以大家族進行（如將全校孩子打散年級，分成三大家族），形式相當多元。透過運動會活動除了能檢視孩子的運動習慣、體適能情形外，還具有培養運動家精神、凝聚向心力、讓孩子學習團體合作等重要目標。

而運動會的活動項目多元，有的以創意進場、大會舞蹈、健身操、各式體育競賽、大隊接力、趣味競賽等，其中許多項目的預賽都在運動會前就會緊鑼密鼓地開跑，除了考驗教師平時的班級經營，也大為增進同學間合作和接觸的機會。透過各種任務的籌備過程，班級裡的孩子都默默進行著化學反應與交互作用，各種細微的改變正在悄悄發生。

我們可以從運動會前、中、後三個階段，各自具有的不同任務與觀察重點來進行思考：

運動會之前：向心力、合作力、運動家精神

一個沒有向心力的班級，到運動會時就會原形畢露，呈現孩子互相指責、告狀、扯後腿等現象。在現今少子化時代，多數孩子較以自我為中心，想要培養團隊向心力和合作力更具挑戰，教師該如何著手？

我的建議是從開學之始，教師運用的話語就要從「我」轉為「我們」，將自己和孩子視為一個整體，採取以「班級」為出發的思考模式。在不同課程中也可以建立起小組任務與班級任務，不斷以「小組表現」來鼓勵孩子合作，但要慎用小組競爭，將競賽重點從輸贏轉為合作。

例如，安排小組數學任務時，考量的不是解題的正確與否，而是全組每個人都可以流暢地口頭解題、互相支援，思考彼此優缺點而互補，求得全組最好的表現。健康課進行戲劇展演，也需要刻意營造不一樣的舞台，讓不同的孩子都有發光的機會，看見他人的優點，才能產生欣賞與尊重。特別是班上較常被師長提醒的孩子，更需要多給予多元機會，建立在班級中的定位。

合作、向心力無法速成，從老師與學生彼此信任、學生對團體信任、孩子開始卸下偽

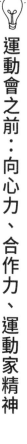

裝、追求意義，思考細節、脈絡、撕裂、完整、挫敗、失望，老師用更多同理、對話和引導，用時間帶來覺知，才能讓孩子看見從「我」到「我們」的美麗。一起思考：

「我們班想要怎麼樣的學習？」

「該怎麼做，我們才能一起完成這個任務？」

「我可以做些什麼？或是，我們可以一起做些什麼讓彼此更好？」

過程中，教師將重視「輸贏」導向看見孩子的「努力」，於是自然孕育出運動家精神。尊重多元、接納彼此，那麼「合作、共榮、共享」這些看不到的重要隱性價值，才會真正順應而生。

各項比賽和活動提前規劃

創意進場、短跑測速、體適能檢查、接力、拔河、趣味競賽等，不同地區、不同學校的運動會各自規劃不一樣的運動項目。重點是趁此機會做「運動力大檢查」，看見孩子的運動力是否因平時的訓練（見20〈運動與恆毅力〉）而有所增長，也一併評估其他隱性的協調度、肌耐力、柔軟度等。

運動會各項比賽的練習，除了靠體育課教師進行專業指導外，導師更可以請孩子寫下運動筆記，思考怎麼接棒、如何挑戰自我表現、如何為班級爭取團體榮譽、平常如何規劃練習等，這些都是運動前重要的策略思考。也別忘了帶孩子思考競賽的意義，享受全班拚命奔向同一個目標的熱血，創造一生難忘的回憶和無可取代的經驗。

運動會中

運動會期間非常忙碌，像是注意各項比賽開始時間以提醒孩子，家長校友來訪需要接待交流，全班孩子的動向安全掌握，還要拍照留下美好紀念。最重要的是，孩子可能因為過度興奮而使受傷機會大增，教師要特別注意。

要提醒的一點是，老師的服裝以輕便運動、顏色顯眼為主，以方便孩子能隨時找到老師。運動會秩序冊、水壺、防曬、遮陽帽、哨子、室外麥克風，都是在運動會當天在戶外場地大有用途的小物。

運動會後：感謝及省思

除了各項競賽的照片，別忘記最後要拍一張大合照，將完整歷程記錄下來，事後以播放照片的方式，讓孩子重新用照片與文字走一遍歷程。讓孩子看見自己的努力、獲得的榮耀、得到的收穫，最後省思。也別忘記感謝家長的支持、參與和提供的物資。

運動會雖然只有一天，但從事前的準備開始，其中建立起的向心力、合作力、運動家精神，到全班齊心準備當天每個活動，共同奔向一個目標的感動，透過各種細節培養起自發、互動、共好的素養，自然而然到位。

家長看過來

你認識孩子在學校的好朋友嗎？

站在教師的角度長期觀察，我發現一般家長最難觀察到的就是孩子在「群體」裡的狀況。尤其對孩子來說，從兒時常掛在嘴上的「我把拔馬麻說」，到進學校的「我們老師說」，之後轉為重視同儕的「我朋友說」，孩子愈長大，在團體裡的人際關係與交友狀況，家長更需要慎重。常見許多高年級孩子為了義氣而盲從，或是在分不清楚是非對錯的狀況下協助朋友，導致自己也牽扯進無端的是非之中。

人是群體的動物，有朋友相知相惜的陪伴，孩子的學習和生活會更加幸福。建議家長不妨善用機會，從以下幾個部分觀察孩子的交友狀況：

★**交友情形**：孩子最好的朋友是誰？這位同學有哪些特點？家長可以利用參與學校活動的時機，和同學認識一下，藉此建立起和孩子的共同話題，孩子也會感受到你對他的關心和重視。

★**和其他同學相處情況**：除了孩子最好的朋友之外，你是否知道孩子與其他同學的交流狀況？不管孩子是內向者或是外向者，也許只有一、兩個好朋友，但仔細傾聽他對於其他同學是否有正確評價，或是表示討厭、妒恨的原因，在深入了解之後，可以透過和孩子的對談，溝通對人的想法和淡化非黑即白的價值觀。

★**群體中的角色**：你的孩子在群體中，大多扮演的角色是配合者？領導者？反對者？不同的角色沒有好壞之分，但都能協助家長更了解孩子。

如果行有餘力，還可以趁運動會時找機會和孩子的好朋友聊聊、和對方的家長攀談，也許透過家長主動釋放善意，孩子們更能建立起深厚的友誼，將來可以一起做功課、學才藝、出遊等。有好朋友一起砥礪、陪伴，不僅能提升孩子的學習，生活也會更加快樂！

16

☆ 宣導活動：學思考

用宣導活動，讓學習無死角

孩子會質疑、反思，
才是獨立的個體。

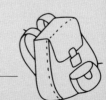

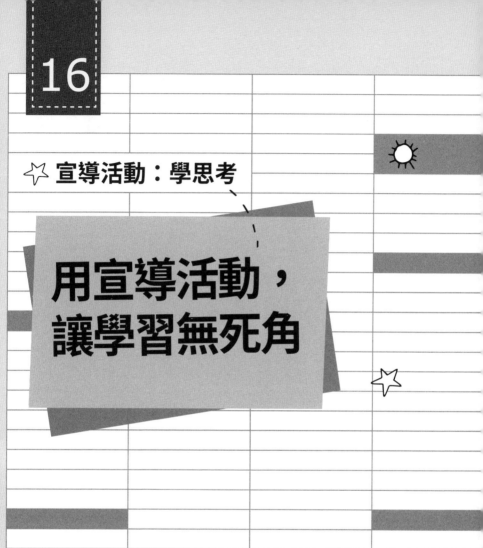

16

memo

宣導
活動
學思考

在學校中，宣導活動和節日活動可說是多如牛毛。舉例來說，家庭教育、性別平等、家庭暴力防治、環境教育等都是必要的活動。另外像交通安全、防疫防災、登革熱、口沫衛生、愛眼凝視、國防教育、海邊戲水安全、母語日等，也是重要的活動。加上教師節、兒童節、母親節、聖誕節等各節日的例行性活動，有時候連萬聖節、祖父母節、世界閱讀日都來參一腳。

這些宣導活動不是不好，只是在緊迫的教學進度現實下，如果活動淪為讓孩子打瞌睡的演講、形式上行禮如儀的口頭宣導，意義與效果其實不大。更嚴重的是，如果只是為了宣導而宣導、為了辦活動而辦活動，在放煙火式的湊熱鬧背後缺乏教育意義及學習價值，那麼我們浪費的將不只是時間，更讓學生從中學到隨便敷衍應付的態度，實在不可不慎！

然而，學校中有些活動是出於規定，承辦老師承擔著成果壓力，實在不得不辦。這時老師該思考的是，如何在夾縫中找出空間，讓孩子在活動中獲得學習與成長，讓活動重新富有教育意義？不妨參考以下方法，善用既定活動來提升孩子能力，不僅不再浪費時間，還能創造出更好的學習效果：

參與設計，轉為課程

可以事先和行政協調，將宣導活動轉成和課程結合，如此不僅可以不用額外花費時間，更能在實踐中讓孩子練習和應用課程所學。

例如：社會課程學習到分辨「需要」還是「想要」，則可以善用兒童節前夕，讓孩子舉辦一場跳蚤市場，透過交換、拍賣二手物資，培養理財觀念，最後賺進的收入還可以捐出部分所得給慈善團體的兒童，共享一個快樂的兒童節。母親節要到了，也可以請孩子回家訪問主要照顧者，透過深入了解受訪者的喜好和想法，製作成一本小書，這比起每次千篇一律的制式賀卡，更有深入的價值與意義。

介入協助

學校朝會常見的現象是，當台上老師進行宣導時，老師說老師的，台下孩子眼神呆滯，完全呈現放空的狀態。該如何才能讓孩子專心聽講？可以使用14〈隱藏的素養學習〉所建議的「訓練聽力」方法，讓孩子學習集中注意力。此外，還可以事後簡單地對孩子提問，藉此提升孩子的專注和吸收度。例如：

★**重述**：你可以說一說剛剛台上老師報告的重點嗎？

★**辨別**：剛剛老師的話是這個意思嗎？

★**轉述**：你可以用自己的話說說看嗎？

★**應用**：你可以示範如何應用在生活中嗎？

舉例來說，一場友善校園、登革熱宣導、洗手、口沫衛生、愛眼凝視、交通安全、國防教育宣導後，我先這樣引導：先向四、五年級道謝，他們幫忙把全校水溝清光、倒了水，減少登革熱的機會。接著開始進行問答互動：

★當你感冒了，如何知道不是登革熱？登革熱和感冒的症狀有哪些不同？**（辨別）**

★怎麼避免被蚊子叮？請舉出兩個方法。**（重述實際方法）**

★請用自己的話說說看，我們該如何保護自己的眼睛？**（轉述實際方法）**

★請你示範有手帕時怎麼咳嗽？沒手帕時該怎麼打噴嚏？**（低年級應用題）**

★請你示範「內外夾攻大力丸」**（應用題）**

事先先提醒重點，再說明這些和孩子健康有關，最後以問答串起重點。連低年級都可以說得清楚、馬上應用在日常生活之中。

讀寫幫忙

如果宣導後真的找不出時間做引導及問答，則至少事前預告讓孩子在過程中筆記，事後整理成簡單的小日記。作業內容可針對以下幾點：為什麼需要進行這場宣導？宣導的主要內容？宣導後的重點行動？宣導活動敘述？我的省思和感受等。最後在班級分享優秀的作品，讓孩子知道同樣參與宣導活動，有些同學能從中得到不同的觀察和收穫。寫作並進行同儕觀摩，也是一種深刻的學習方式。

在教學現場中，常常因為「沒有時間」而發展出許多的便利或速效的方式，但這些看似快速、即時、成果佳的做法，卻常常會成為教育的漏洞。快速追求效果的同時，是否忽略了教學根本的核心精神？快速趕路的同時，是否背離了原本追尋的方向？這些是在教學時，我常常會提醒自己思考的問題。

宣導完還要花時間引導，的確是很麻煩沒錯，但往往珍貴的都在「花時間」的背後。希望孩子能自學、能獨立思考、能應用在生活之中，那麼就得時時思考：我有提供孩子充裕的思考空間嗎？我有引領孩子進行反思嗎？我在課程設計中，有提供足夠的經驗與體驗、有引領孩子進行深度反思，讓他們逐漸醞釀出創造改變的能量嗎？

希望教師可以在每個宣導活動的「點」上，將它逐漸延伸變成一系列的「線」，最後加上老師的專業編織成「面」，才有足夠的能量去影響和改變，最後帶起每個孩子。

家長看過來

如何培養孩子獨立思考的能力？

俗話說：「內行的看門道，外行的看熱鬧。」在多年的教學經驗中，看過許多不同老師的帶班方式，讓我更加肯定一件事：如果要求快速，常常都只是迷思。

A班級，導師非常盡責，授課時孩子守規則、有秩序，也時常詢問科任老師授課狀況。他和家長交流頻繁又順暢，全校師長都對這個班級讚譽有加。然而我擔任這個班級的作文課老師，無論我怎麼鼓勵孩子，試圖點燃動機、適時引導，班級內溫文儒雅的孩子寫出來的都是安全牌、樣板式的文章。如果我嘗試口語示範，幾乎全班寫出來的都是我示範的內容，完全看不到孩子「自己的」想法。

B班級，孩子非常活潑，上課常要請他們稍微安靜、冷靜一下，才聽得到我的聲音。常被其他師長嫌「太活潑」，暗指老師管控不力、班級經營有問題。但我觀察後發現，孩子天真又直率，尤其看到他們的作文，精采絕倫，百家爭鳴！文字掌控度雖然不盡理想，但孩子們總能盡情揮灑，每每讓我看著作品發愣，好令人驚艷啊！

有次在科任教室，我沒把麥克風放好，A班有個孩子走來讓我看作文作業，不小心踢到，麥克風摔到地上。旁邊圍了要讓我批改作業的孩子，瞬間往後跳一步，嘴裡：「吼！你慘了，你完蛋了！」那一圈的整齊批判神情……那孩子的表情，我還記得，她愣住，一臉驚恐受傷。

B班來，一樣麥克風掉下去。一圈的孩子，不，沒有往後退，相反地往前，有人拍拍麥克風說：「還好，沒壞！」有人拍拍肇事者的肩膀，說：「沒關係啦！」那孩子抱歉地說：「老師，對不起哦！」

我之後常想，我要教出什麼樣的孩子？

嚴刑峻法、指責怒罵，的確能快速的暫時化解困擾。然而，帶來的是凡事看似乖巧，但骨子裡只求自己安全的孩子。孩子懼怕指責，所以有的開始習慣說謊、對於所作所為一概不予承認；有的一被罵就大聲喊冤說：「他也有啊！」或是當報馬仔打小報告，報復式的要其他同學也被懲罰。這真的是我們要的嗎？

嚴格處罰後，表面上似乎快速解決問題，但問題將一再出現、孩子將始終處於困惑之中。若能改變做法，好好跟孩子對話、覺知情緒、停頓、連接渴望、從自己本身改變觀點，雖然耗時，卻能釜底抽薪、漸入佳境。

讓孩子思考、有獨立想法，可不是件簡單的事。師長得常問：「我很好奇你……」「你認為呢？」「為什麼你會這樣覺得呢？」「有沒有其他意見？」。得常告訴孩子：「你這個問題問得真好！」、「我們感謝你問了這個問題！」。當孩子犯錯時，告訴孩子：「感謝你做了很好的示範。好在你犯了這個錯，我才發現你不會」、「老師也曾當著全班道歉，人沒有絕對完美的，即使是老師們也不完美……」。

點點滴滴。當然，不簡單。

慢慢的，孩子逐漸立起自我意識。他們開始發現其實大人有時言行也會不一致，於是孩子開始會有情緒、開始學習和威權的大人和平相處。

當孩子的自我開始發展，有時候會鑽牛角尖，就像是摘下了盲從權威的眼鏡，孩子突然看見路上滿是坑洞和不平，開始感到不舒服。而師長也開始感到不習慣，畢竟這是以前「我大、你小，你乖乖遵守就好」的互動風格下，完全不會發生的情景。

要花更多時間溝通、輔導，緩和跨不過去的情緒，幫助孩子去看見威權的不合理和自己的情緒，再學習怎麼找到方式相處。

我們不是在教機器人，《如何愛孩子》裡說到：

「好孩子。要非常小心，才不會把『好』和『方便』搞混。整個現代的教育方式，都在渴望孩子當一個『方便』的孩子。它一步步按部就班地催眠、壓制，用強硬的手段毀滅孩子內心的自由和意志、他堅毅的靈魂，以及他渴望和企圖的力量。很乖，很聽話，很好，很方便。卻沒有想到，這樣的孩子內心是沒有意志的，人生會過得跌跌撞撞。」

如果希望教孩子思考、教他領導自己的人生、教他走出自己的那條路，就要接受孩子對權威的挑戰與質疑，才有青勝於藍的可能。

等在孩子前方的路還很長，師長的包容與陪伴，讓他們得以逐漸獨立思考，抱持追求知識的渴望及好奇，勇敢探尋真理、探尋自己的人生之路。

17

☆ 校內外比賽：恆毅力

別讓比賽成為孩子一生的障礙

TEST

比賽形式不是重點，
而是面對比賽的態度！

17

有些老師很不喜歡指導學生去比賽、或是讓學生參加比賽。剛教書時的我就是其中一個。想想，在平日繁重的課務壓力下，每當上課時卻發現有學生因為接受賽前培訓而缺席，等學生回來後，還需叮嚀補齊作業等，想來就覺得麻煩；而指導學生參賽，特別是比賽密集期，更常有多項不同比賽同時進行，下課空檔加午休零碎時間都需指導練習，想來就覺得壓力山大。

但是等到過了一段時間，回過頭來看，往往在學期末成長最多的，都是那些參加過比賽的孩子。仔細觀察這些參加比賽的孩子後更會發現，他們因為參賽過程中的鍛鍊，大大提升了耐挫力和抗壓性，這些點點滴滴又淬鍊成重要的恆毅力，這才發現，用成長型思維面對比賽的歷程，時間將為我們與孩子帶來極其珍貴的禮物。

memo

校內外
比賽
恆毅力

參賽心態須主動非被迫

比賽能帶來成長，但要特別注意的是，這項比賽是孩子自己真心想要挑戰的。比賽何其多，以例行性的語文競賽為例，包括：國語演講、國語朗讀、閩南語演講、閩南語朗讀、書法、作文、字音字形、英文演講等項目，還有許多額外的校外比賽，如：小書製作、說故事比賽、機器人創作、程式設計等。如果參加比賽是出於師長的強迫，就一點意義都沒有。但如果是孩子本身有興趣，在師長的鼓勵下願意參加，那就是自我挑戰的成長好機會。

很多師長會覺得，參加比賽實在是太花時間了！但也正是因為這個「花時間、花心力」，為孩子帶來的收獲也往往是他處難以取代的。從事先對於歷年比賽的方向和規章進行了解，搜集歷屆比賽資訊，針對賽前時間的規劃與練習，不斷思考如何透過刻意練習精益求精。最後到了比賽會場如何面對壓力、克服緊張，透過觀摩他人成果，看見人外有人、天外有天的隱性學習……無怪乎，孩子能力整體提升。

尤其是比賽前的培訓，通常學校會請校內有經驗的老師擔任小班式密集指導，若孩子有心想學，跟著指導老師和教練走，是自我提升的最佳途徑。當學生接受老師的指導後，倘若又能回到班上分享比賽前後的學習和心情，或是進行比賽項目的展演或帶領，也都可以間接的讓其他孩子受益。

比賽重過程而非結果

通常在孩子的心目中，往往不會記得某科的課業成績，但卻常常會記得比賽的訓練多麼辛苦，最後的果實多麼甜美，失敗的挫折又是多麼深刻。因此對孩子來說，不管得獎或得名與否，參加比賽都是一項相當珍貴的學習。

當自願參加比賽後，孩子和老師一同擬定策略，接著就需要在課業和時間中練習自律。自己找時間和老師聯繫、每日進行刻意練習、有問題隨時提出，早午休、下課或是放學後都是練習的時間。一邊上課、一邊參加比賽，孩子在過程中要安排課業時間，隨時修正計畫，學習兩方兼顧。由此可見，孩子需要具備強大的心理素質。

上場後，終於能大開眼界，看見來自各地的好手。獲勝了，提升自我觀感；失敗了，思考挫敗原因，下次再勇於接受挑戰。這些都是在課業上比較難學習到的部分，彌足珍貴。

老師在平日不妨讓孩子都有機會看見多元的比賽活動資訊，讓不同天賦專長的孩子都有上台的機會，當然，在平日裡積累各項基本能力，才是奠定參賽的致勝關鍵。參與比賽過多時，教師也需要適時調適選手的身心壓力，給予心理建設與最大支持。

老師的指導心態影響孩子甚鉅

其實，有時面對各種項目的比賽，老師自己也不是該領域的專業人士，像是我的閩南語不甚標準，卻曾指導孩子參加閩南語演講比賽；我對英文演講也沒有經驗，只因孩子的一句話：「老師我想參加。」而想盡辦法指導孩子參賽。

想要孩子勇於接受挑戰，教師要先自學示範。為了指導孩子參加閩南語演講比賽，我首先找到閩南語專家幫忙，搜集閩南語書籍講稿，讓孩子先練習寫閩南語講稿草稿後，再請專家修改潤飾。為孩子反覆錄下自己唸的演講稿子，再次順稿，最後自信上台，竟然得到第三名的佳績。有了第一次的成功經驗，教師漸漸知道比賽的細節，然後經由時間的累積，一棒接著一棒，老師也可以帶著孩子成功！

當孩子在班上分享參賽心得後，其他孩子會知道這是一段挑戰自己的旅程，而老師始終在一旁悉心陪著；無論結果是成功或失敗都無妨，重要的是和自己比。

當孩子清楚了背後需要的努力，看見過程中會得到的指導和支持，原本常把「我不會」

掛在嘴上的孩子，竟然主動表示願意參加英文演講比賽，該次比賽報名人數達到有史以來最多的紀錄。當一個班級中有將近十個孩子充滿學習動機、願意挑戰自己，對老師來說，這是比贏得比賽還要甜美的果實！

故事還沒結束，後來，雖然那一年的英文演講比賽全軍覆沒，有的孩子稿子背不起來，有的選擇逃避，有點不願意修改，有的邊練邊哭泣，但都在一次次懇談完、調整後再次面對困難，最後上台流暢地說完英文演講稿。

隔年我們再報名參加，這次我們已經搜集去年評審的講評、他校選手的資訊、去年優秀選手的影音資料。因此，去年參賽的同一個孩子的成績從居於谷底上升了將近十分，另一個孩子還榮獲第一名。

比賽不是一翻兩瞪眼，教育不是一集的短電影，而是一齣綿長的人生連續劇啊！

家長看過來

用正確的心態比賽，學習面對壓力

身為家長的我對於孩子參加比賽，通常採取正向鼓勵的態度。然而「水能載舟，亦能覆舟」，我也看過原本是立意良好的參賽學習機會，卻因為孩子感到被逼迫而造成反效果。因此面對比賽，建議家長保持以下心態：

◆孩子自願很重要

孩子要自願，參賽才有意義。當孩子有能力卻不願意參加時，家長除了鼓勵之外，也可先讓孩子從嘗試其他比較簡單的挑戰開始，逐步累積自信和成就感。切勿勉強孩子參加，強摘的果子不甜，到時孩子覺得參加比賽「都是為了家長」，不僅失去比賽的意義，還可能對比賽及學習反感，得不償失。

◆避免陷入惡性競爭

能代表學校參賽的選手都是各校菁英。當孩子在參加校內比賽時，要避免陷入惡性競爭的心態，以及見不得人家好、贏了就驕傲自大的情緒。常見選手得失心太重，把比賽輸贏和自我價值扣在一起，即便沒得到好名次，但成績已經超越過去紀錄，仍然悵然失落，直說：「對不起老師……。」再怎麼比都人外有人，如果參加比賽只是為了老師或是家長，不是健康的成長型心態；如果比賽只想求贏，而非思考下次怎麼樣可以更好，那麼比賽對孩子來說，只是一場惡性競爭。

◆切莫得失心過重

面對比賽最可惜的就是師長代工。想要好成績無可厚非，可常見文章中出現超齡文筆，或是自我交件時異常精采、現場實作時卻差距過大。師長代工若贏得勝利，對於孩子更是傷害，一來以身作則示範欺騙，另一則是不相信孩子的能力，不可不慎。另一種情況是師長把孩子的成績當成自己的成敗，無所不用其極地「訓練」孩子。我就曾看過孩子因為參加演講比賽而被迫背誦三十幾篇文章，因壓力過大而落淚痛哭，導致後來再也不願上台。想要孩子獲得好成績，或是重視孩子的學習興趣與動機，孰輕孰重，聰明的家長要時時思考教育孩子的初衷啊！

◆全程給予支持

在孩子壓力大時，要記得給予關心與支持，告訴他：「不管有沒有得名，我都看見過程中你的努力」、「不管結果如何，你已經是我的驕傲」。家長永遠是孩子最強大的啦啦隊，你的一句話、一個眼神和肯定，就是孩子最大的鼓舞。面對長期性的比賽，家長和指導者的多方配合，更是讓孩子在「堅持」這條路上走得更長遠的動力。

當家長不是一件簡單的事。在看見別人的孩子表現優秀時，要耐得住焦慮、不跟別人比較，要想起長時間下帶來的真價值。高壓訓練下的優秀孩子常讓家長感到風光，卻常常在無意間傷害了孩子的內心，戕害了更重要的學習態度。在把眼光望向孩子之前，身為家長的我們更要先好好認識自己，面對內在的恐懼，將目光望向孩子長遠的學習。不必擔心孩子輸在起跑點，而是思考人生馬拉松的終點，和過程中的點點滴滴。

18

畢業活動：送別

用創意點子
畫下美好句點

因為有你，成就這段最美麗的相遇；
有始有終，用美好的句點助你遠颺！

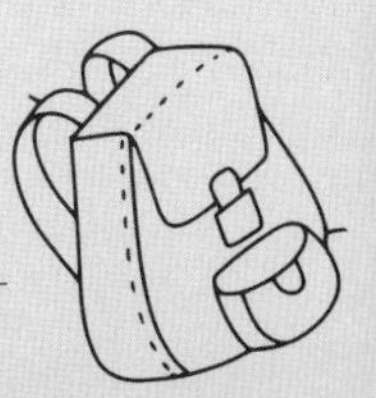

18

memo

畢業活動
送別

即將要目送孩子離開到下一個階段，不管孩子即將升上新的年級或是準備畢業，師生間想必都是離情依依。在送別之前，教師不妨思考，除了在之前的日常中，自己已經和孩子備妥最重要的素養、獨立思考、自學、感恩等禮物外，最後還能做些什麼來畫下完美的句點？以下是我建議的思考方向：

畢業前盤點

準備事項：期末成績、成績單、畢業紀念冊、畢業典禮表演、畢業典禮

這些是畢業基本款。畢業班的期末時程通常都比其他班級還要提早一些，因此畢業班導師要提前規劃各項事務的進行，以免時間緊迫。

省思款

準備事項：畢業光碟、畢業小書、六年畢業展、時空膠囊等

這類型的活動可以讓孩子省思這幾年的成長，雖然需要花費比較多時間製作，但經過省思、整理，孩子會看見自我成長的足跡，不僅具有教育意義，更能有效提升孩子的自我觀感與成就感。

★**畢業光碟：**除了帶班兩年的照片以外，我還曾經帶過幾屆畢業生，因為之前導師整理照片非常齊全，所以累積起六年以來相當齊全的照片，從中可看見孩子從進入小學第一天的樣貌，紀念意義相當重大。

★**畢業小書：**異於制式的畢業紀念冊，一本畢業小書從規劃主題到完成，都是由學生手工完成。一本超過五千字的自我回憶錄，除了記錄回憶以外，還可以讓學生從中看見自己六年來的足跡，順帶留下小學時期的筆跡和想法，具有特殊意義。

★**畢業展：**展出孩子的代表性作品，邀請同學、學弟妹、家長與師長一同觀展，更加擴大影響範圍，讓學弟妹觀摩、讓其他家長對自己孩子未來有願景。

★**時空膠囊：**選取對孩子具有意義的物品，可能是寫給十年後自己的一封信，或是最值得紀念的作業等，放入準備好的鐵盒密封膠囊中，埋在校園某棵樹下，等待時間一到（十年後）再次打開，想必令人期待！

感恩款

準備事項：謝親師宴、愛的感謝、愛校回饋

★**謝親師宴：**我曾帶領孩子們親自煮出一桌謝親師宴，讓孩子們用自己的巧思，回饋給這麼多年來照顧和呵護自己的家人和師長們。我們利用在健康課學到的六大營養素、綜合課學到的烹調技術，還有資訊課學習到的搜集資料，先設計菜單，並經過試做，再寄送邀請卡，邀請家人和師長，向他們誠摯表達孩子的感謝之意。

從三、四月的分工討論、搜集資料、掌握預算、設計菜單、分配工作並試做；五月第二次試做並開始設計邀請卡、感謝信、安排影片製作，到六月正式舉辦感恩謝親師宴，當天的菜單有：滷雞腿、糖醋魚、鮮蝦炒飯、披薩、起司肉捲、越南春捲、番茄起司義大利麵、蔬果沙拉、果汁蝶豆花茶等，是不是很豐盛呢？這個有意義的畢業活動，也象徵孩子已經成長獨立，不僅可以照顧自己，更可以照顧家人的「成年禮」。

★**愛的感謝：**配合謝親師宴活動舉行的大聲公傳愛活動，是請孩子勇敢地把愛說出來，直接說出對師長的感謝，並贈送認真書寫的感謝卡。當場經常看見許多對親子都激動落淚，氣氛感人。帶著孩子對這些用心照顧自己的人表達真摯的感謝，活在當下，並迎向下一個階段。

★**愛校回饋：**帶領畢業班孩子思考，自己可以為學校或是學弟妹做哪些實質行動上的回饋，也很有意義。例如：圖書館的書籍凌亂尚未編目，畢業班孩子幫忙處理好了；有些外掃區的人力較少，畢業班孩子把禮堂的玻璃擦亮、地板刷亮；有些處室需要小幫手協助，寫出需要幫忙事項，讓畢業班孩子有回饋的機會；曾任教過他們的低中年級老師，邀請孩子回去和學弟妹說說高年級生活等。

加上翅膀款

準備事項：均一教育平台、PaGamO、當一日國中生

利用均一教育平台還有PaGamO網站，讓孩子先上網接觸新學期的課程。不同年級間的課程難度加大，學習方法也不盡相同。在孩子適應新老師和新教法前，如果可以先知道預習新課程的方法，就可以減低之後適應困難的衝擊，也可進行自學能力的培訓。

至於畢業班孩子，則可以安排先到國中參訪，先帶孩子認識新師長和新校園，能增進適應力，也可以有效減低孩子的焦慮。

圓夢款

準備事項：自助班遊、真心話、水球大戰、在學校過夜、腳踏車挑戰之旅

在進入新的環境前，帶著孩子一同想想看：還有什麼沒有做會後悔的事情？還沒和班上同學一起去旅行？還有哪些感謝和心裡話還沒說出口？很想好好和朋友來一場好好廝殺的水球大戰？想在學校露營或是圖書館過夜，半夜和同學打打枕頭仗？一同騎腳踏車繞社區一圈？……

如果時間允許、家長願意配合，讓孩子盡情去構思、實現，不要留下遺憾。

教師給自己的禮物

在送孩子踏上人生另一段旅程之際，老師也要學會放下。這段時間自己已經很努力了，雖然知道心裡還有數不盡的擔憂和牽掛，但經由長期以來的記錄和省思，可以看見、聽見孩子這段時間逐漸獨立，能自學、懂思考，可以順利邁向下一段旅程。那些對孩子無私付出的時光，孕育孩子成為一朵最美的玫瑰花，現在我們可以欣然放手，為我們在漫長的時光旅程裡相遇，畫下無悔的句點。

這些美好的時光將讓孩子們帶著濃濃的幸福感離開，讓他們記得，不管什麼時候，有一個老師是這麼努力的想讓他們嚐到幸福的滋味；讓他們知道，他們可以幸福，無論什麼時候，都可以選擇幸福。

畢業之後，深深祝福。下一次相見時，抬頭挺胸。老師不是聖人，也許曾犯錯、也許不夠完美，但在和每個孩子相遇的當下，已竭盡全力，全然為孩子之後的幸福，問心無愧。而這段時光旅程，也是教師人生的一部分，和孩子相處的過程，也是給自己的禮物。

家長
看過來

孩子畢業，家長的心態也要隨著升級

雖然孩子在家長的心目中永遠都是個孩子，但隨著孩子過渡到下一個成長階段，家長也要一起升級、甚至畢業。除了檢視孩子的成長以外，更要客觀地看見孩子每個階段不一樣的學習和成長。

該放手時要勇於放手，能讓孩子獨立做的事，就不要硬是攬在自己身上。評估可以讓孩子試錯學習的，就要忍痛讓他自己去探索。綁在身邊的小鷹學不會飛，一直有家長幫忙善後的孩子，永遠無法獨當一面。

家長不要心軟。不要在告訴孩子「要自己負責」時，又幫他送忘記帶的東西到學校，讓孩子自己承擔，學習如何向老師交代；不要在他忘記洗餐具時又順手幫忙，讓他自己思考有什麼解決的方法……

當孩子漸漸成長，家長也可以安排「儀式感」的活動，讓孩子知道自己已經擁有更多的自由和更大的責任。從小時候宣告「要自己洗澡」、「自己洗碗盤」，逐漸開始負責家中事務，最後，自己的選擇，後果自己承擔。

小樹的支架扮演著支撐的力量，可以幫助它成長，但當小樹慢慢長大，支架反而成了深陷的刺。不要讓「愛」變成「害」，實在需要家長不斷的用自覺、用遠見跨越時間的限制，然後有勇氣的放手，讓孩子學會獨立面對自己的生命。

19

☆ 緊急錦囊：發生衝突時

愛自己，和人生中的不完美

TEST

愛裡沒有對錯，
別在愛裡爭輸贏。

19

memo

緊急錦囊
發生衝突時

一位老師要面對一個班級共二、三十位學生和家長，在歷經長時間的朝夕相處，我常說在「愛」裡，沒有不曾受過傷的。

我輔導過很多新手教師或是資深教師，深深體悟到一件事，那就是外界其實很難理解「教師」這項工作帶來的挫敗、失望。就像曾有長官不了解，為什麼一個老師對於某個「不寫作業」的孩子會如此生氣。那是因為外界看來也許是單個事件，但對於老師，那卻是一段已經累積了每日每日延續半年以上，努力嘗試過千百種幫助學生的方法，在建立信任後又失望幾十次的過程。如果教師還沒有從自己的傷口中痊癒，先把對孩子未來的擔憂放下，太認真、期待愈高，反而受傷愈重。

我認識許多老師，每一位都曾經「傷心欲絕」、「失望」、「心寒」，這故事太多了，在認真的前輩身上、在聽過的老師身上、在隔壁班、在自己身上……總是有語言和表達無法傳達到的善意而被誤會，總是會有不對的時間和無法溝通的人。這些時候，我給自己的救命錦囊是：

請先好好照顧自己

不管是生理還是心理，健康第一。好好吃、好好睡、好好運動，有足夠休息後，開心地踏進教室，平穩的情緒是給孩子最好的禮物。一個老師沒有先照顧好自己，怎麼照顧別人？當身心失衡，怎麼有餘裕覺知他人情緒和狀態？怎能有空間寬容孩子犯錯？

先離開現場、隔開距離

和家長或是孩子發生爭執時，或是受到委屈、被誤會時，可以先離開現場，讓彼此有空間讓情緒冷卻，避免做出後悔的事情。

同理對方、善意解讀對方行為

能做到這點相當不簡單，甚至是件極為困難的事，需要冷靜之後，才慢慢可以面對或轉念。如果可以，試著站在對方立場，從可能是誤會或資訊不對等的角度思考，可以比較釋然。不要將對方的想法當成是對自己的評價。看見自己的冰山和執著，善意解讀對方行為。如果暫時沒有辦法，也不需要勉強，一來一往，平靜相待即可。

以孩子為根本考量

如果與家長發生衝突，要以兩方都是為孩子著想為根本考量，也許只是觀念、方法不同，和家長尋求最大公約數。或是接受孩子是會犯錯的，再看見家庭和孩子背後的脈絡，讀懂孩子之所以會這樣做是因為慣性而非針對人，看見他背後的故事，與家長尋求讓孩子更好的三好解方，盡力當下。

尋求協助

尋求協助是相當重要的，一個孩子需要一個村子的力量來培育，因此像是學校行政從制度政策辦法面、其他家長從鬆動該位家長著手、自己家人傾聽情感面、社群老師同仇敵愾後提供策略的實務面，都可以有效地從各個面向協助老師家長和孩子。我自己在網路上有兩個群組，一個幫忙我平穩情緒，一個幫忙想其他策略。透過其他夥伴的協助，也可以幫助自己看見盲點，不因為情緒而偏頗。

把自己愛回來

不管最後如何，都要回頭肯定自己的努力和用心。人沒有不犯錯的、也沒有完美的，但在過程中，看見自己不放棄的努力，好好的欣賞自己、愛自己。向自己好好說聲：「謝謝、對不起、我愛你」。

家長看過來

儲存愛的能量才能緊急救援

每天和孩子對話，是身為父母的我認為最重要的事。然而在教學生活中，卻常常收到家長或孩子希望我當「傳聲筒」，幫忙向對方溝通。家長常說：

「老師！你幫我和孩子說一下啦！他都講不聽。」

「老師，我沒辦法了，只能靠你教他了。」

「老師，我問他，他什麼話都不說……」

孩子常說：「老師，你可以幫我跟媽媽說一下嗎？」「老師，我媽一定會說不行……」

時常有孩子犯了錯，我同時約了家長和孩子來學校。我問孩子：

「你說說發生了什麼事？」

結果孩子一說，家長才驚訝地發現，孩子回家說的全都是謊話。

「你知道應該要告訴爸媽這件事嗎？」我問。

「我知道。」孩子一點都沒有歉意地說：「可是他們一定會說不行！」

「你覺得爸媽為什麼會說不行？」我好奇。

「他們每次都會擔心，他們都不信任我。」孩子激動地說。

「那麼，我們請媽媽說說她的想法。」我邀請媽媽說。

媽媽急忙開口：

「因為你每次都是這樣，上次這樣、上上次也是這樣，我們怎麼相信你？」

孩子辯駁：「我不會這樣，那都是因為你們不相信我。」

我適時加入，負責提問、澄清、好奇就好：「你之前真的有不良紀錄，對嗎？那你這次要怎麼說服爸媽？有什麼方法可以證明、或是讓爸媽安心地相信你？」

孩子想了一陣子，說：「我這次是認真的！我會先把該做的作業和事情完成。」

媽媽看見孩子堅毅的表情，聽完後也點頭同意了。

我補充道：「但這次你沒有報備，還故意欺騙，有些重要且危急的事情還是要獲得家長的同意。所以你要提出補救的做法，如果獲得爸媽的認可，就可以保留。但如果你違背承諾，就要沒收，回到原始狀態。你可以接受嗎？媽媽覺得可行嗎？」

親子雙雙點頭。最後當爸媽說出有資源和人脈，可以更妥善地解決問題時，孩子這時大聲哀號：「你們怎麼都沒有說！」爸媽也激動地回：「啊你就沒有問呀！」

沒有溝通，不理解雙方，真的雙方都吃虧。

在面對高年級學生家長，我常和家長分享，如果每天沒有有意識和孩子對話、產生連結，孩子慢慢長大就會轉向同伴尋求肯定，慢慢不願意和家長說話、不習慣說出情感和心裡話，如果遇到一群也是如此的同儕，就很容易在衝動下犯下無可挽回的大錯。

因此每天認真聽孩子說話、用心對話，先相信他、同理孩子，不管如何都先肯定他願意告訴你的心。如果家長一開始先肆意批評、負面評價、拒絕多次，就算是良藥苦口，但都沒有入口，怎麼有療效？

如果一味高壓管理，孩子容易看臉色說話、報喜不報憂，親子間沒有真實交流，反而彼此互相隱瞞。常常看新聞報導，最後鑄成大錯的孩子，不但過程中沒有家人的支持和支援外，孩子的事家長往往都是最後一個知道的。

因此，平時用心對話、對孩子好奇、有意識地和孩子聊天、理解孩子，並且容許孩子有犯錯空間。即便知道孩子不當的價值觀，也感謝孩子願意告訴你，知道這是成長的一個過程，當下收在心裡，再思考下次怎麼帶他體驗或是從聊天中溝通，說教和責罵無法達成目的，更無法讓孩子覺知。

我自己也是家長，發現當家長比當老師更難，家長在愛裡總有許多不捨，無法像老師這般理性，還有許多千頭萬緒。當家長，真的是修行啊！

與孩子起衝突時
的緊急錦囊

暫時離開現場，
讓自己冷靜下來

▼

讓孩子先說說事情發生過程
（孩子的認知有時和我們有很大出入）

▼

同理孩子的情緒

▼

向孩子說明自己的感受和原因

▼

讓孩子體會不同行為
對自己的影響

▼

透過對話，幫助孩子思考
下一次該如何選擇

Part3

07

影響一生的學習習慣

08

用運動培養恆毅力，用閱讀解決問題，
用自學力創造未來，用成長型思維超越自己。
這些是身為師長的我們，
想送給孩子陪伴一生的禮物。

09

20

☆ 第一個習慣

運動與恆毅力

健康第一，
用運動投資孩子的未來最划算！

　　／

20

memo

習慣一
運動與恆毅力

「怡辰老師，你們班的孩子為什麼比別班高？」

一個學期之後，隔壁班老師跑來問我，就連上一個學級的老師都發現我們班身高也逼近他們班孩子。其實不只是身高，孩子的發展、反應、思考、情緒平和、成熟度，種種看不見的細微處，每天都在悄悄地發生。

原本看起來病懨懨、體弱多病的孩子，只要十週過後，開始精神煥發、神采飛揚，最奇妙的是，學期初一堆體重過重的小胖弟、小胖妹，學期末竟然少了一到四公斤。為此，訓育組長還特地感謝我們班成效卓越，用大量減重數字替學校贏得減重比賽獎金數萬元，可以購置雨天體育器材讓全校使用。

就連一大早來學校的孩子，原本心情焦躁不安，幾乎要與人起爭執，只要做了這件事之後，全班呈現一片祥和，還會輕鬆的互相開起玩笑，而後專心進入數學思考的學習。老師不僅不用一個個打地鼠，細細觀察孩子，除了學習表現良好以外，還會遷移到其他作業的態度。最重要的是，觀察這個班級和以往相較之下，在持續力與抗壓性上提升許多，一樣的起始，不一樣的恆毅力進步表現，著實令人驚嘆！

究竟，我和孩子做了什麼？

其實很簡單，就是把孩子的健康排在第一位，帶著他們一起建立運動的好習慣。健康第一，沒有健康，其他都是空談。

只是，重要卻不緊急的價值往往經常會被忽略、被時間誘騙、被惰性制限。

在前一本書《從讀到寫》中我曾提過，在教學現場中經常會看見班上孩子的早餐是粉紅螢光色草莓牛奶、香料柳橙汁、反式脂肪奶茶、熱狗或泡麵，吃午餐則經常偏食，甚至搭配一杯手搖飲料。細看這些孩子臉色灰土，體態過胖或過瘦、肢體不協調，常喊肚子痛、冒冷汗，情緒上不是暴躁易怒，就是瑟縮膽小、好逸惡勞，導致經常請假或跑保健室，連上學都有困難，更別說好好學習了。

運動知易行難，更需要刻意練習

事實上，學校的健康課與體育課設計了許多體驗課程，希望讓孩子建立運動的習慣，然而往往最難著力的是家庭價值觀，以致孩子往往熱衷一陣子過後，又恢復原狀。我在學校做的，只能從養成運動習慣下手。但孩子一週能到戶外運動的體育課只有兩節，遇上下雨或空汙，就要轉到室內場地。

真正重要的價值不能只是嘴巴說說，而是要用行動來實踐。凡要求孩子的，我自己都會做到；既然我覺得很重要，我就得身體力行。言行合一的身教，孩子都會看在眼底。

就從以班級為單位的跑步開始執行吧！花費的時間短、簡單易實行、人人可做。不過，開始實施還是有許多困難要克服。還記得第一次帶班上孩子跑步時，幾乎一半的孩子跑不完操場一圈（二百公尺）。不過只要稍微做一些調整與改變，半個學期之後，全班不僅能輕鬆跑完十圈操場（約兩公里），跑完之後還不覺得累，可以繼續跑！

長期運動之下，期末時，孩子的專注力、抗壓性不僅大幅提升，相較於第一天替孩子拍下的照片，好幾個孩子像是換了一個人似的，從遲鈍呆滯到目中有光。和孩子一起運動，我是這樣做的：

◆和家長溝通、告知學校

首先，我會先發下通知單，和家長溝通運動如何釋放多巴胺血清素、增生新神經細胞改造孩子的大腦能有效促進學習、強化注意力、提升健康和快樂指數。

此外，如果學校沒有運動的文化，可告知班級的運動計畫，說明每天運動的大約時間與實施方式等，這樣做的原因是萬一發生突發狀況時，學校才能協助。我自己身處的學校是將運動視為重要信念之一，因此天天都會讓孩子運動。建議班級事務最好還是向學校相關人員知會一聲，有助於提供協助。

◆安排固定的運動時間

一件事情要養成習慣，需要經過長久且不斷重複的實行，因此我們班選擇每天都練跑。如果時間上不允許每天跑，一週固定星期一、三、五跑也可以。

跑之前一定要做暖身操，跑完幾圈後，做做緩和運動再走回教室，大約十幾分鐘就足夠。短時間的投資卻能帶來長遠的複利效果，長遠來看，非常划算！

◆老師親自陪跑

老師以身教示範，帶動、說服孩子運動的好處。另一方面，老師平日教學也相當耗費體力，想要投資自己的健康卻常因為時間不足而有藉口，但和孩子一起運動，不僅以身作則也培養運動習慣，一舉數得。

◆注意身體狀況

告訴孩子運動要適度，不要勉強，以身體狀況為優先考量，如果出現不舒服的狀況，要馬上停下告知或是慢慢走。即使孩子故意欺騙、隱瞞以逃避運動，通常我都從寬以待，尊重孩子的選擇，不會戳破，用時間等待。

◆循序漸進、不求快，以跟上隊伍為標準

每天帶孩子跑幾圈？我建議第一週一圈、第二週二圈，視孩子的情況逐漸遞增，最多至十圈（兩公里）為限。偶有畢業旅行或是好幾天沒有跑，體力下滑，也會彈性下修，圈數減少，日後再進行調整。慢慢來、比較快。

至於跑的速度，以全班慢速跑步，全部跑完為主。除了最後半圈外，孩子不可以超車，落後的孩子可以慢慢跑，但原則上鼓勵盡量跑完或走完。只要持續下去，大約四週過後，全班都可以跟上。

◆下雨或是空汙時

以室內的核心肌群訓練為彈性改變方案，重點是有運動活動，形式不拘。

當孩子反彈時

然而，畢竟不是每個家庭都明白運動對孩子的價值，也曾有家長、孩子會提出抗議。一些自主性強的高年級孩子甚至會當場擺起臭臉碎碎唸。面對孩子的情緒，我會這麼回應：「老師帶你們運動的原因，其實真的很希望你們可以強化體力、訓練耐力、增加恆心。我知道運動對有些人來說，並不簡單。但老師相信你們自己也有感受到體能增加、跑完心情愉快的感受，對自己可以完成也有成就感。這些都是你自己願意才能獲得的禮物。其實老師自己跑輕鬆得多，不用在後面控速、指揮隊伍、激勵落後的同學，還更省力。但我們談過運動對健康的重要性，老師陪你們跑完，放學自己還去跑個十幾圈才下班，大家就可以知道老師不是說說而已。」

「老師也知道有些同學沒辦法一下子就跑這麼多圈，會感受到壓力，但別忘記我們說過的，自己和自己比就好，不用在意別人，專注挑戰昨天的自己，真的不行就慢下來用走的，把心思集中在進步而不是抱怨。老師很期待看見你們從運動上獲得挑戰自己的快樂。」

我選擇努力說明我想藉運動給孩子的禮物，但最後選擇依舊在孩子和家長身上。我不攀緣、不強求，老師只能當催化劑，分析後果、給予思考方向和經驗，最後決定生命的主人還是自己。

那次之後，孩子都努力跑完。即使跑得比較慢的孩子，後面幾圈用快走的，也都認真走完。最後孩子還會自己興奮地跑來跟我報告：「老師，我有比昨天多一圈、多兩圈……」

就這樣，孩子經過每日每日的堅持、每日每日的挑戰，每次總在想要放棄時，受到同學的鼓勵、老師的激勵，以及對自我的期許，每天多堅持一下，就能意外發現又完成了今天的任務。隨著挑戰的跑步圈數不斷的增加，七圈、八圈、九圈、十圈……孩子對自我的觀感逐漸產生變化，恆毅力也在其中慢慢養成，最後就會得到健康和時間帶來的禮物。

時間切片　從開學第三週跑完的操場，豔陽高照藍天清澈說起……

開學了！每天晨掃後第一件事，就是帶著孩子跑步。雖然要耗掉些許時間，但時間不花在身體健康上，是要花在哪裡？

第二週跑兩圈。全班氣喘吁吁，沒辦法全體齊一，後面散落的隊伍，還有假期間增加的體重，都在宣告體力不佳的事實。

第三週三圈。有幾個體力不佳的孩子跑一跑會到旁邊咳嗽、吐出濃痰，我告訴他們先到旁邊去休息一下，不要勉強，好了再回來。幾個平時容易放棄的孩子，不是真的不行，但做什麼事情都一樣。很容易放棄。在後面給點壓力，如果落後，下課補走操場，只要有固定的運動量就可以。為了你的健康，老師一定會記得。

第四週四圈。狀況明顯比較好一點。落後一圈的大約有五個，沒辦法跟跑，繼續鼓勵。

第五週、第六週、第七週、第八週。放假好多天，剛開始跑有一點小困難，但撐過就好了。

第九週的最後一天。來到了第九圈。兩個孩子沒辦法跟上，不是不能（跑時還有體力和同學聊天），是不夠努力。但之前落隊的孩子，今天開心的告訴我：「我今天有努力想達成跟著大家一起跑的任務，看到前面的人一起到終點時把手舉高時，臉上洋溢著開心的樣子，我也想要這樣！」我想，這就是恆毅力吧！

十週過後。跑完精神變好。開學時被護士阿姨測量過重的孩子都少了一至四公斤；上個月全班每人都跑了二十三公里，現在跑完之後還不會累，還可以繼續跑。

恆毅力三個字很好寫，但真的不簡單。繼續跑下去……

家長看過來

不管孩子多麼優秀，運動還是最重要

身為家有三個孩子的媽媽，我很重視孩子的運動，尤其是當我發現二寶開始上幼兒園後，體力竟然比每天我帶著運動的小寶還差，讓我更加注意運動的重要。

培養孩子的恆毅力、自律和抗壓性，老師可以做的其實有限，最根本還是要回到家庭教育。我一般會建議家長盡量讓孩子參加球隊，或是長期進行一項運動。讓孩子透過親自體會、歷經辛苦後獲得豐碩果實的經驗，建立恆毅力和自律的習慣。

當然，孩子在練習一項體育技能或參加球隊的過程中，一定會遭遇辛苦和挫敗，但也能在團體活動、教練的指導、家長的恆久堅持與支持下，慢慢獲得成就感。正是這些過程，讓孩子體會到自律和堅持的內涵。

國外的教育非常強調「體育」，從大學入學的獎學金提供體育獎學金、入學名額等，都可以看見端倪。運動除了能培養恆毅力、團隊合作和抗壓性，還有相當多研究證實，運動能促進大腦分泌多巴胺、血清素和正腎上腺素，此外，運動還能鍛鍊身體協調性與發展，真可謂好處多多。其實很多運動競賽還需要運用思考策略，正所謂「四肢發達，頭腦也不簡單」。

除了參加球隊外，家長可以做的還有把運動也帶進生活中，讓運動成為一種生活習慣，例如騎車、爬樓梯、走路上學、假日爬山、每天飯後散步，如果上述都做膩了，不妨發揮創意，隨身帶顆球、車廂後放羽毛球、飛盤、風箏等，只要加一點點變化，隨時隨地都能運動。別忘了，孩子要健康，你也要健康，才能陪他久久。

21

第二個習慣

閱讀與寫作力

TEST

讓讀寫成為基本超能力，
帶孩子去到想去的地方！

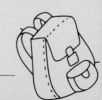

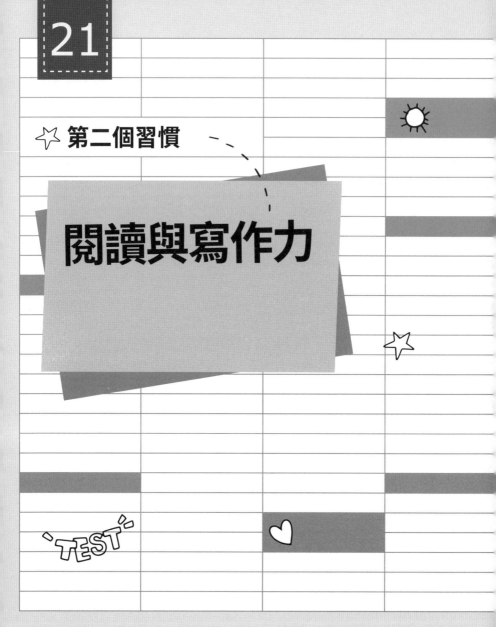

21

memo

習慣二
閱讀與
寫作力

每個班級中不免有幾個學力低落的孩子，但沒想到那年我帶的五年級班，竟然足足有八個孩子回家完全不寫作業，學習程度落後其他孩子二到三個年段，不僅九九乘法背不熟，就連加法還要用手指比算，注音符號錯了一堆，上課不是聽不懂就是頻頻恍神。

每天當我站上講台，唉！要管秩序也不是。想要進行差異化教學，全班有十種不同進度和狀況，每次一想到，無力感就從腳底竄到頭頂，心裡滿滿的淚與累，總在心裡不斷拉扯和嘆息……

把時間快轉一下，我們先來看看後來發生了什麼事。

學期初那幾個連國字都寫不清楚、總要親自請他過來說明自己在寫什麼的孩子，一個學期後，雖然錯字還是不少，但已經可以寫超過六百字的作文，而且還對寫作充滿了興趣！

我很驚訝的問孩子：「發生了什麼事？」

他說：「我都有看書哦！」

翻開他的閱讀護照，可以看見一學期累積了相當踏實的閱讀量，連篇幅比較長的《手斧男孩》，他都能閱讀完畢，還告訴我：「超級好看！」

每次別的老師問我，到底是怎麼「逆轉勝」？我自己也很驚訝地想：「對欸，我到底做了什麼？」

閱讀與寫作的力量

在我的第一本書《從讀到寫》的〈閱讀改善學力低落〉這篇文章裡，我已經大致描寫整個歷程。帶孩子讀寫的過程中，孩子的學力常常逆轉追擊，不僅補足原本落後二至三年學習能力，甚至之後更獲得網界博覽會全國獎項、讀寫比賽全國獎項等。閱讀能夠療癒傷痕、改變價值觀、有效提升學力、提升學習動機，都已經在第一本書籍中交代過細節。

讀寫也是自學最基本的入門磚。在面對一項新事物時，閱讀大量文章並進行理解，一直是最快速易得的學習方法。面對一項新課題，可以自行找到大量資訊、文字、影像、新聞等，從中大量閱讀理解之後，精華成自己所需要的資訊知識。

讀懂，是最基礎的學習能力。

孩子在系列閱讀、主題閱讀、多元閱讀、跨領域閱讀的過程中，可能會從歸納的角度發現共同精華，也可能會以分析的眼光看見彼此差異，從而對特定主題產生整體性、完整性、建構性的概念，為日後嘗試解決問題及知識技能的學習奠定良好基礎。更進一步來說，培養閱讀素養不僅能夠幫助孩子建立適應未來的能力，同時也是探索個人興趣與未來生涯規劃的重要歷程。

然而「寫」，卻經常被親師忽略。「讀」與「寫」是互為一體的，在大量的「讀」之後，不能只記得讀過的內容，還需要透過「寫」來記錄重要資訊，來評量自己是否讀懂、讀對、讀深。

可惜的是，現今社會一聽到「寫」，往往直覺想到的是寫文章、寫考試作文等文學性的書寫。當然，這些「寫」也相當重要，但對於大量資訊讀進來之後，必須整理出自己的思考脈絡、提升思考層次，然後跨越為一套自己的系統。所謂的「寫」，不只寫作技巧這麼簡單，而是一種思考方法。

寫筆記、寫札記、做紀錄、寫摘要、做書評……透過大量的「寫」，來理清自己的思緒，將大量資訊整理為系統化、結構化的知識。「寫」不僅是最簡單的反芻，重新用自己的話說出知識、用自己的文字進行「同化」和「調適」，不僅增加學習吸收的百分比、提升知識的轉換率，更能延長知識在腦海中記憶的時間，這就是「最淡的墨水都勝過最強的記憶」的道理。

而在「寫」的過程中，除了重新建構知識之外，還會進行後設認知，就彷彿是從更高的地方回顧自己學習過的知識，去思考：學這些要做什麼？這些知識和之前學過的有什麼關聯？學習過後，我還有哪些疑惑？我寫到這裡卡住了，為什麼？目前已有大量研究證明，當學習者愈能掌握自己的後設認知，愈能快速掌握所學知識。

因為「寫」可以不斷留下思考的軌跡，透過一次次的修改，持續進化再進化，有了架構、增加脈絡、變成系統、提出解方，寫作能力正是知識爆炸時代下最基礎的輸出技能。

讀寫是自學最基本的入門磚

許多自學成功者被問到自學的成功關鍵時，最常提到的關鍵字有兩個，第一個是「大量閱讀」，第二個是「不怕挫敗」。

談到挫敗，只要是長期學習一門知識的人，定能體會學習過程絕非一帆風順，途中總得經歷許多意外的困難，還經常會身陷於停滯期之中。在自學的過程中，挫敗經驗自然在所難免，但只要透過文字的書寫與記錄，就能看見自己微小的進步、看見自己逐漸邁向目標的努力過程，從中得到鼓勵與成就感進而堅持下去。最後，自學結果也需要與人們分享，這時最低成本、快速的呈現方式，還是文字的書寫啊！

但回到教師每日的方格中，每天都有教學進度要追趕，該如何提升班級孩子的讀寫能力？我每天是這樣讓「閱讀」自然發生的：

愛上閱讀

★**給空間：**讓班級裡處處有書可借、時時有新書可讀，書本可以來自老師、購自二手書網站、圖書館藏書、家長募捐等，此外，設置一套不需要太繁複的借書步驟，讓孩子簡單輕鬆利用在班級中的零散時間展書閱讀，探索多元閱讀的素材，是推動閱讀的成功第一步。

★**給時間：**展開每日課表會發現，各科目全部排滿，其實沒有太多完整時間可以運用。但如果每天都能善用晨讀十分鐘，以及每週規劃一節閱讀課，就能和孩子盡情聊書。其實時間多少不是重點，而是「持續」。例如持續善用每天的晨讀十分鐘，一週就可以讀完一本書，透過日復一週地讓自己擁有與一本書的親密時光，長期累積之下，一個學期就會讀完二十本書，這還不算入在家閱讀或是其他閱讀時間，累積之下的閱讀量會非常可觀。

而每一週的閱讀課，我則是讓孩子在小組中聊書，老師馬上可以發現孩子是否可以自行找到與興趣相符的書籍？閱讀理解程度如何？是否需要提供協助？孩子間也可以因為聊書而拓展閱讀視野，透過口語練習輸出心中想法，也可做為寫作的前置作業。

別看這樣每週短短不到一百分鐘的時間，加入語文課的閱讀策略教學、綜合課的筆記策略等，實施一年之後，就曾有一個班級全班從只有閱讀繪本的能力，成功躍升到閱讀少年小說，看似繞遠路，其實慢慢來，最快。

★給自由：不論身為師長或家長，總有一天我們終需放手，讓孩子獨立面對這個世界。正因如此，我們得先呵護孩子的閱讀動機，他們才能在閱讀路上走得久。在教育的漫長旅程中，介入與放手本是殊途同歸。唯有讓孩子在閱讀中找到興趣與快樂，他們才可能成為一位獨立自主的終身閱讀者。

很多師長會擔心，給予自由會造成孩子閱讀偏食、只看漫畫，常見許多高年級男生無法閱讀文字量大的書籍。但只要給予自由、依循興趣，最後不但可以閱讀躍升，還因有興趣持續進行自主閱讀，這是強迫規定下看不到的風景。我曾經帶過一位學生因為對於棒球有興趣，早期都是借閱《棒球祕笈》等的書籍，慢慢的，開始閱讀文字量較多的橋梁書《小火龍棒球隊》、《KANO》、最後到《王建民的故事》，反而更快自我探索、達成主題閱讀目標。

★**給支持：**當孩子看不懂書，老師找出原因、給予指導；孩子找不到喜歡的書，老師提供書系、給你建議、和你一起探索，是否再換一本……在閱讀和學習過程中，教師給予全力支持。

愛上寫作

寫作方面，除了每日讓孩子完成小小寫作任務，我會把兩點放在心中，時時叮嚀自己：

★**時常創造寫作的需求：**有需求，就會有動機和回饋。讓孩子寫封感謝信給他人、爭執時寫下事發的經過、寫出數學解題過程、寫一本畢業前的回憶小書、寫一篇校刊要用的訪問稿、寫給書中人物的一封信、寫一篇文案、開辯論會前，先用文字寫下想闡述的論點，試著猜想對方的提問並寫下回答、寫今天聽的演講、寫最近開心的事……

刻意創造寫作的需求，讓特定的寫作對象擔任起具體溝通的目標，讓寫作成為孩子自然而然想要完成的期盼。

★**呵護孩子的寫作動機：**寫作並不簡單，非一步可登天，從先擬草稿、搜集資料、修改字句等，每一步都需要來回不斷思考，但如果一次對孩子要求太多，例如既要通順又不能有錯字，既要文辭優美又要字數達標，還要求他思考精準、論據鏗鏘有力、文采動人……試想，換成是師長自己寫英文作文，被要求要拼字正確、闡述要有思想、適度加入片語，是不是連大人都會焦慮破表？

不管孩子寫得怎麼樣，我最常做的就是真心地說：「真是寫得太好了啊！」「我看見你有敏銳的觀察力。」「我好喜歡你文章裡的……」就連字都寫得讓人看不懂的孩子，我還是會認真地看著他說：「我發現你寫得好很多啊。」

想要孩子愛寫，先把孩子的動機擺第一。千萬不要規定一篇文章要寫幾百個字，孩子若是沒有想法，規定再多字也是枉然。先讓孩子喜歡寫，寫了之後再調整方向，告訴孩子：「我從你的文章裡看出你的獨特，不過這裡你沒有寫完整，我好想知道你的想法，你可以詳細寫下來告訴我嗎？」

從想寫、能寫、開心寫、大量寫、給方向寫、給支持寫、給動機寫、給有樂趣寫……只要孩子有動機、願意寫，他就會成長、進步，最後就能到達自己想要去的地方。

時間切片　學生從讀不懂繪本到全班看少年小說

五年級班級的孩子，繪本看不懂，更別提課本了。利用每天晨讀十分鐘，一週一節閱讀課的時間：

九月。全班每人一本繪本，讀完自己的、聽別人分享，再交換閱讀。

十月。一樣讀繪本，已經可以看見孩子閱讀時身體前傾，充滿興趣，說得出故事的梗概。

十一月。有孩子接觸橋梁書，主題廣及恐龍、冒險等，哪裡有興趣，就往哪裡去。

十二月。有幾個孩子挑戰沒有圖片的書籍，頁數雖然不多，但這些孩子變成閱讀種子，引燃其他孩子的興趣。

寒假。每個孩子都來問：「我們可以借書回家嗎？沒有讀書好無聊！」假期輕鬆點，讀漫畫、讀食譜……還沒放假，就開始讀了起來。

開學後。二、三月再重新熟悉一下，大部分的孩子都可以讀橋梁書了。

四月。之前的種子慢慢變成熊熊大火，一旦有同學介紹好看的書，其他人馬上爭著搶讀。

五月。開始有人讀大部頭的少年小說，先從喜歡的類型開始讀起。孩子說：「大本的比較好看，講得比較仔細。」

六月。全班都開始讀少年小說了。最後一個讀的孩子最喜歡鬼故事，讀的是《有人在鹿港搞鬼》，讀得津津有味。再有意識地介紹科普、史哲、偵探不同類型，用老師的鷹架讓孩子讀出不同類型的書，架構出主題閱讀的系統。

科任老師嘖嘖稱奇，和隔壁班對照更是明顯看到差距。每週短短時間，投資很划算啊！

家長看過來

與學校同調的「在家讀寫計畫」

◆閱讀計畫

★**給空間**：家裡藏書不需多，但一樣需要處處可得書，並經常替換書目。善用圖書館資源，無論是書籍、報紙或雜誌等，都可以成為閱讀素材。

★**給時間**：與家人約定好一段固定的閱讀時間，無論是一回家、吃飯前或睡覺前，時間一到，關手機、關平板、關電腦，全家一起享受閱讀時光。時間長短不拘，半小時也好，十分鐘也可以，只要定時、定量，讓閱讀成為一種習慣。

★**給自由**：孩子喜歡閱讀漫畫或輕小說都可以；文學或科普讀物也都支持。不同的孩子有不同的興趣，不管如何，家長都給予尊重，支持並鼓勵孩子持續閱讀，甚至提升至閱讀完同一系列書籍。

★**給支持**：時常和孩子聊聊：「你最近讀哪一本書？」「會推薦我讀嗎？原因是什麼？」「需要借續集嗎？」「喜歡這個作家或系列嗎？」帶著純然的好奇，不批評、不責備，好好藉由書做為媒介，了解彼此想法。

◆寫作計畫

在家讓孩子練習寫作比較辛苦，孩子平日已經有回家作業，如果再加上書寫課題，可能會哀聲連連。建議可以從兩方面簡單執行，以達事半功倍之效：

★**語音辨識**：先讓孩子說一說今天在學校發生的事，並引導他說得通順、說得流暢。接著用手機語音辨識軟體將講述內容轉為文字，再反覆討論與修改文字檔案。如此一來，不僅可以快速增加文字量，也能有效降低孩子不知道該寫些什麼的焦慮。

★**善用科技**：如同我在第一本書中提到，數位時代下，寫作可以不用停留在石器時代。不妨替孩子開設一個部落格或是臉書私人帳號，讓親朋好友加入好友，瘋狂為孩子按讚回饋，讓孩子在有讀者群的鼓勵下提升寫作動機，不管是寫家庭記事、生活點滴、分享心情、述說興趣、旅行遊記等皆可。剛開始可以不用特意設定主題，之後再慢慢過渡到主題寫作。家長輕鬆做好前置作業，孩子寫作力自然大爆發！

讀、寫除了是基礎學習工具外，更是孩子跨越到高層次學習不可或缺的左右手。只是讀寫能力無法一蹴可幾，需要時間不斷累積、持續進行，才能收到時間給的禮物。家長若能搭配學校的讀寫課程，在家執行同調的讀寫計畫，孩子的成長將是超乎想像的強大！

22

第三個習慣

自學與行動學習力

給孩子自學的翅膀，
讓他自己飛！

22

「為什麼你做事又快又好，但又一副很輕鬆的樣子？」學校調來一位很厲害的主任，有一天，他對我說了這句話。即將退休的他，最大的心願就是能以「導師」身分退休。與他相處常讓我覺得如沐春風，也一向從他身上學到很多重要價值與做事方法。他對我說的這句話，讓我又驚又喜，我想：「我做對了什麼？」

常覺得一個班級裡有二十幾個孩子，又要因材施教、又要兼顧進度。有時，我覺得自己像一輛不斷疾駛的火車，一直衝往每日進度和各項活動，但，轉身一看，班級裡孩子的發展速度不一，今天這輛準時開動的火車，並不是每個孩子都可以順利搭上啊！

我轉身看那一群被落下的孩子，我該利用什麼時候來提升他們的學習動機？哪些時候可以好好幫他們補齊之前沒跟上的進度？我又急又慌，心裡一陣拉扯……

memo

習慣三

自學與

行動學習力

直到，我發現利用數位科技的「行動學習」（Mobile Learning，簡稱M-Learning），不僅可以有效地幫助孩子「自學」，還可以讓教室裡二、三十個孩子找到最適合自己的學習方式，用最從容不迫的速度進行學習。

透過行動學習，教師在面對各種不同程度、不同天賦的孩子時，再也不用受到齊一式教學扼殺孩子的學習動機、學習落後的孩子勉強跟著前進、學習超前的孩子被逼著繼續聽講，而感到天人交戰。教師還可以善用豐富又多元化的教學素材，增加孩子的學習動機。

我曾在研習會場問過師長：「當您有問題時，是否會上網找資料、查詢資料庫、翻閱相關書籍呢？」每個人都舉手。網路對現代人已經是不可或缺的重要工具，但回到教育現場中，我們卻告訴孩子：「上課時手機收起來，有問題不要查詢網路，有問題問老師。」想想，這不是一件很弔詭的事嗎？

在台灣，感謝許多數位學習平台用心提供有效協助孩子成長的學習資源，看到他們為孩子們的付出，我深深感謝。這些學習平台分別是：

◆均一教育平台（免費）

提供各個教科書版本、各級學程的課程和測驗，孩子可以依照自己的程度進行學習：學習程度不足的孩子可以回到之前的低年級課程進行補救，不用跟著現有進度勉強聽自己還不懂的部分；已經熟練的孩子則可以往後預習國中的課程，讓孩子掌握自己的學習狀況，不斷地超越自己。還可以用自選測驗協助孩子複習、檢測孩子學習困難的地方。

◆學習吧（免費）

老師可以開立課程，放入自選影片、文章、連結，可以讓孩子在有限的課堂時間中，進行無限的探索。也可以讓孩子回家在一定範圍裡自行探索，透過書籍、資訊及影像的閱讀……對一項課題進行多元體驗和學習。此外，還有中英文語音辨識、測驗等，可以讓孩子自行錄音，呈現正確率，對於老師掌握大班級的學習狀況，超級有效率！

◆PaGamO（免費）

線上遊戲式學習平台，提供孩子不同教科書版本、不同科目的題庫，藉由遊戲化攻城掠地的介面，可以有效吸引學習動機低落的孩子，透過持續解題的挑戰感來學習，自然而然地愛上學習。

◆網際網路與數位學習工具

網路，讓閱讀沒有邊際。閱讀的範疇從紙本躍升到即時資訊、影像、新聞，讓讀者更貼近作者和內容。若要讓孩子練習從大量資訊中思考、擷取與再次統整，學著用知識來解決問題，網際網路是最好的媒介。

孩子在操作數位學習工具時所體驗到的新鮮感，有助於提升學習動機。就好像是每個人都有一位專屬教練，影片速度太快、太慢，都沒關係，可以視自己的學習情況隨時調整，要重複多少次都沒問題。老師也可以對每個人有更精緻的指導，因應孩子的程度，選擇不一樣的線上影片。繳交作業則不在限於紙筆作業，錄音作業能讓孩子看見自己的發音問題、錄影作業可以看見自己的姿勢和統整性，簡報則能看見自己的整體思考和邏輯等。不僅孩子覺得有趣，也可以更貼近不同孩子的學習類型。

每位學生的學習進度不一樣？沒有關係，重要的是在這堂課中，沒有孩子是客人，每個人都認真學習、挑戰自己，盡情徜徉在學習歷程之中，各有所得。而老師經由專業的課程設計，視課程的需要而配合，可能是線上繪圖、可能是搜集資料、可能是觀看影片然後回答題目等，利用資訊媒體的特性，可以立即看見孩子的學習狀況給予回饋；也可以立刻知道全班的迷思錯誤來加以補足。而之後的大專案，孩子在真實情境中探索、解決真實問題時，也都需要數位資源搜集資料、統整資料的能力。

將數位學習工具和資源融入於教學中，並非是因為數位學習很夯、很吸引人，而是為了幫助孩子打造更有效率、更有動機的學習基礎，讓孩子的學習世界因為師長提供資源而更加無限寬廣。是故，我的學生不僅往往能將原本低落的學力補齊，還常常因內在學習動機提升而演出逆轉勝，所依憑的，就是這些無垠的學習資源及工具。

通往自學之路

雖然行動學習是自學不可或缺的利器，但其實要真正走到自學，仍需要一些前提和條件。像是前一節提到的閱讀和寫作能力，不僅是學習的方法，也是自學的基本條件。我在《從讀到寫》中，曾用下頁這張圖表揭示在邁向自學之前，需要先確認前面的關卡是否達成。

◆從閱讀中開啟希望

以一個歷經長期挫敗而失去對自己的信心、想從學習中逃走的孩子來說，只要他還對任

閱讀看見光，對未來有盼望

▼

學習任務遊戲化，體驗學習樂趣
- 降低學習焦慮
- 戰勝習得無助感

▼

成長型思維，提升內在動機
- 激發自我效能
- 建立自我相關
- 創造自主學習空間

▼

高期許並立即回饋，鍛鍊學習策略
- 建立學習策略
- 減少對老師的依賴

▼

善用挫敗經驗，培養恆毅力
- 給予支持輔導澄清
- 從挫敗中淬鍊基本自學能力

▼

投入生活專案，在實作中統整學習
- 自助旅行
- 比賽活動
- 自主學習任務

▼

創造高峰經驗，提升自我觀感

▼

自主獨立自學

何事物有興趣，我就能從他的興趣著手，找到一系列不同難易度的書，從繪本、橋梁書到少年小說，讓他從長期累積中學會閱讀能力。閱讀，是邁向自學的最好起點。

◆學習任務遊戲化，體驗學習樂趣

孩子在之前課業中已經積累太多負面感受，受習得無助感的影響，覺得自己不可能學會；此時，老師若仍堅持原有教學方式，無論再怎麼努力教，都會像是在沙灘上堆沙堡。這時老師需要嘗試將學習都變成有趣的事，例如在數學課的比率單元可以打果汁，尋找每次都能打出同樣美味的比率；語文課可以用辯論會學寫議論文；綜合課建立自主學習計畫，找一項有興趣的項目，找書、搜集網站資料，最後向大家報告等。在老師的帶領下，孩子每天都在大量的體驗與嘗試中學習，有趣得不得了。如此一來，就能回歸學習本質，重新建立起學習與生活的緊密關係。

◆建立成長型思維，提升內在動機

過程中，師長隨時給予成長型思維，讓孩子相信自己做得到，看見自己每一次微小的進步，告訴孩子：「不是你不會，是本來就需要練習好多次。」這個和自己未來有關係，會用得到，給予自主性強的學習空間，你可以自己選自己喜歡的書，你可以選自己想要報告的形式、你可以選擇你想自助旅行的地方。激發自我效能（給予「我做得到」的激勵）、建立自我相關（了解「學習和我有什麼關係」）、創造自主學習空間（明白「我有選擇的權利」），三者可以提升孩子的內在動機，只要有動機，接下來一切就簡單可行。

◆期許立即回饋，鍛鍊學習策略

這題孩子學不會，老師換其他種教法試試看，或試著拿教具操作看看、畫線段圖、用符號思考、用別種方式解題、縮小數字想想看、看看之前有沒有學過類似的，不然請同學用他的話說一說，寫寫數學日記，看看卡在哪裡等。建立孩子的學習策略，能讓孩子學會該如何想、該怎麼自己刻意練習，不用依賴老師一直教。

◆善用挫敗經驗，培養恆毅力

學習路上一定會有挫敗，有挫敗其實反而使我們學得更好。挫敗了沒有關係，師長會陪伴左右，給予支持、澄清現況。失敗不好受，可以先休息一下、想想看：要不要繼續挑戰？失敗的原因是什麼？下次可以避開嗎？我們有什麼方式可以做得更好？老師看見你的努力，就算再一次失敗也沒關係。歷經長時間和不同機會的挫敗，恆毅力才會出現，基本自學能力也從中得到提升。

◆投入生活專案，在實作中統整學習

不同師長有不同的專案，例如足球、創客、數學、桌遊、攝影、木工等，孩子能從不同的師長身上看到同樣的熱情與專業，也能在受到挫折時獲得支持與鼓勵。而我所提供的專案，是帶著孩子自助旅行、參加作文等各種比賽、改造周遭環境的「帶著娃娃去旅行」等活動，以及幫他們安排自主學習任務。專案愈大、愈困難、歷經時間愈長，師長需要投注的心力就愈多，而學生收穫和成長也愈多。

很多自學的書籍都提到：台灣的教科書不適合自學，學科知識切割得太細，學生為了學習一節節的課文而準備，卻缺乏統整性和大單元主題探索的機會。而生活中的統整專案，就是最好、最有效的學習。

◆創造高峰經驗，提升自我觀感

「老師說我很好，那是因為他是我的老師」，即使孩子已經慢慢成長，但往往仍受限於過去經驗，對自己的觀感依然低落。此時，孩子如果獲得有一個特別的肯定，就能突破心魔，發現「我真的很不錯」，而獲得繼續突破的動力。擔任行政工作時，我常會利用朝會找出各班需要鼓勵的孩子，當眾給予鼓勵，或提供其他師長的回饋，換句話說，就是不斷提供孩子不同的舞台。

在班上，我也會創造孩子特殊的發光機會，例如引導孩子藉由文字書寫去省思、發現、沉澱，看見自己生活的珍貴，並協助他們投稿，當孩子作品在報紙上刊登出來，就能為他們帶來全新的高峰經驗。孩子神采奕奕的臉龐，說明著他已經與以往不同。最後，在這個過程中不斷循環，孩子最後建立起正向自我觀感，可以去探索、自我學習，因之獨立了。

換言之，在進行自學之前，得要先培養基本的閱讀和寫作能力，同時要確保孩子走在正確的學習道路上，包括建立成長型思維、提升內在動機、實踐學習策略及自我檢視、培養恆毅力等，才能拿到自學的門票。

實例探討　投稿，讓孩子在寫作中創造高峰經驗

我用專業教孩子寫作，讓他們用文字有結構的表達自己。每個孩子的生活經驗中都有他的寶藏，只要用對方法，孩子都可以學到如何讓寶藏出現的方法。讓孩子藉由文字去省思、發現、沉澱、看見自己生活的珍貴，這是我想帶給孩子的禮物。所以投稿的素材通常都是孩子的小日記和作文。也為了讓這些孩子有不一樣的舞台，漸漸的，投稿素材還有漫畫、童詩、書評等，而孩子也多能順利上報。

就像我們班最沒有信心的孩子，他也有寫作的能量。我最愛的一篇作品是他寫到因為阿嬤要帶他去普渡、進香，讓媽祖請客，現場還會有電子鞭炮和鑼鼓陣，所以即使他平常不愛寫功課，也要趕快提早跟老師要功課寫完。這篇文章還引起編輯的好奇，問：「不是中元普渡也可以稱作普渡嗎？」我也不知道，趕快問我爸、問孩子。孩子聽了很驚訝：「竟然有人認真看我的文章。太不可思議了！」

我覺得投稿的成功經驗對偏鄉孩子具有重要價值，當師長努力為他們找尋不同的

成功舞台，誰不想成為有價值的人？誰不想相信自己也可以辦得到？

當然，不是每投稿必上，每篇上報的背後，大概都有十篇被退稿，面對被退稿而修改的抗壓性，也是我想教給孩子的。全國每天那麼多人投稿，同樣主題或是文章不夠精采，是無法被選上的。正因如此，透過寫作而來的高峰經驗才具有獨特的價值。

用自學與行動學習，開啟教室裡的春天

有志於培養孩子自學力的師長，我建議可以先從鬆綁時間開始。常見教師規劃的作業是「今天給，明天交」，孩子沒有自由規劃的彈性空間，不會學到如何掌握自己的學習進度。為了改變這種學習慣性，我曾試過一次給齊一週的作業，讓孩子體會自我規劃時間以完成作業，當然，一週過後，一定有孩子無法如期完成，但是更重要的是，透過和孩子討論、思考、聚焦、砥礪的過程，可以培養孩子真正學習獨立、自律、規劃時間與自學。

最重要的是，把學習的主導權還給孩子，而教師則擔任起啦啦隊的工作。啦啦隊的工作如何拿捏是一門學問。從設定目標、尋找策略、監控調整、省思改進，自主獨立自學的目標不可能一次達陣，但只要孩子嘗試過一次自主學習的滋味，慢慢就會知道如何面對自己的惰性、哪裡需要再撐一下、就算苦也要盡力完成、哪裡需要向人求救等。就算是自己喜歡做的事情，也會有自己不喜歡的部分需要克服，堅持下去直到完成。只要累積不同的自主學習循環，就會從基本學力跨越到獨立自學，建立起自己的學習方向和喜好。

在教室，教師要能看見每個孩子不一樣的天分，允許他們的獨特。在學習這條長路上，我只是個同路人，給足孩子時間、空間及自由，讓他們嘗試錯誤。讓孩子清楚意識到，當他們犯錯時，有個人會牢牢地接住他們，給予激勵、引導、微調、修正……陪伴他們走過這一段路，希望他們學習如何學習，然後看見自己，活出自己的生命。點點滴滴，都展現在班級經營週期之中。

回到資深主任提出的問題，我當時的回答是：「因為我不是創造一個個追隨者，我在創造一個個領導者。」當孩子成為自己生命中的領導者，對學習抱持著主動、積極的態度，當面對任何一項班級事務，都有箇中高手自願出來領導大家，其他人則充分合作、共好，老師就能安然退居幕後。因為，孩子已經是自己生命的領導者了！

時間切片　看見自學的軌跡，朝向自我實現出發

帶班初期，我先著手進行補救教學、奠基基本學力後，然後開始放手，像是自我複習表給自由、讓孩子看見各項學習和自己的關係，提升內在動機；接著給小的專案，像寒暑假自學計畫、健康課主題報告、營養早餐實作活動等。從小範圍開始，再到大專案；由易而難、從簡單到複雜。

孩子基礎穩固，才進行自助旅行的大專案，最後花了第一個學期規劃好才出發。事實上我心裡沒有時間表，是看著孩子準備度而決定，我告訴孩子：沒有準備好，我們就不出發。

每週利用零散時間討論，分成交通組、行程組、覓食組、機動組。從不會查詢到想方法、主動詢問、思考怎麼解決。從未自己搭公車的一群孩子，學習查詢公車時刻表、火車時刻表，還有票價、編列預算、寫通知單、擬定行程等。過程很慢很慢，中間也很多很多挫折，孩子還會吵架，但依舊，要自己完成。

第一次自助旅行準備了一個學期，接下來一個學期可以完成三次自助旅行，時間縮短成三分之一，最後需要到台北過夜的畢業旅行，查資料、做簡報、上台報告，一週就完成。

畢業學生純手工製作的畢業小書，一本十六頁加上照片和封面，寫滿了六年的回憶，每個人都能完成五千字以上字數，附上照片和家長的話，也只做了十一天，過程中還負責全校的科學遊戲闖關、全班參加外校幾個比賽。時間會帶來複利的成長。

實作和思考、探索和重整，在自學過程中透過微小的點滴，看見孩子慢慢發現自己的專長和優勢、興趣和熱情，有的想成為漫畫家，有的想要當籃球選手、廚師、英文老師……不管終點在哪，孩子已經往自我實現的路程前進了。

23

第四個習慣

品格與成長型思維

成長型思維是改變命運的關鍵！

/

23

memo

習慣四
品格與
成長型思維

兩個孩子，相同的資質，不同的反應，讓命運慢慢走向不同的稜線，重點就在於「成長型思維」。

我常觀察那些需要輔導的孩子，他們之所以把自己的生活弄得一塌糊塗，關鍵在於內在系統的運作模式，讓他們面對刺激時往往做出不適當的反應。舉例來說，開學時，同樣是兩個新學期剛剛接觸的孩子，我分別請他們更正一項作業的要求，但兩人的反應卻截然不同。

一位向我道謝，回去修改還改得非常用心，完成後回來，又向我道謝。

另一位呈現老大不滿意的態度，一邊訂正、一邊漫不經心的和同學聊天。向他提醒數次要來找我，卻置若罔聞。拖拖拉拉數次不來，來了卻又大呼小叫，臉撇向一邊，翻起白眼。這不是第一次發生。

面對這樣的孩子，我總會想起自己處理的SOP，便揮揮手對孩子說：「你先回去平靜一下，我們等一下再談。」只見他氣呼呼的邊碎唸、邊回座位。

吃飽飯後，我看見孩子在和同學聊天，神色自若。我又呼喚他的名字，第一次沒聽見，第二次當成沒聽到，直到第三次，終於慢慢向我走來。

我說：「你怎麼不過來？」

他說：「有啊！我來了啊！」

我說：「但第三次才來。」

他說：「我忙著放餐具。」

我說：「我請別的同學示範給你看。（呼喚另一位同學）某某同學，請你過來一下。」

該名同學立刻說：「老師等一下，我正在忙，等一下過去哦！」

中間過程不到三秒。

他委屈的說：「我剛剛也有說……」

幾位學生聽見馬上反應說：「哪有！你第三次才說。」

面對同一個訊息，不同的孩子會運用各自內在既有的思考模式來進行解讀。前一種類型的孩子收到老師的訊息之後，心裡是這樣想的：

「老師幫我找出錯誤，我快快訂正好，錯誤就改善了。」

後一種類型的孩子則是這麼想：

「我又沒錯！需要這樣嚴格嗎？」

「老師一定是要找我麻煩，真機車！」

「又來了，老師就是針對我，這點小事也要這樣一直唸……」

「唸什麼唸，又不是只有我這樣！」

「我也實在太委屈了吧……」

「憑什麼我要訂正，別人都不用。」

「我沒辦法做到……」

「我又失敗了！」

「吼！我就是不行。」

「算了算了……我沒辦法。」

「我這個笨蛋，又犯錯了，就知道我一定做不好！」

「我就是沒辦法把事情做好，我就只能這樣了……」

「就讓你唸好了，我無所謂啦！」

這樣的負面思考也許源自孩子的個性，也許是長期受到家庭教育的影響，因而產生負面的思考模式與應對。如何扭轉孩子的負面思考？初期，我常說我在訓練孩子「轉念」：思考、行動、習慣、性格，然後改變命運。後來，我從閱讀中發現，有另一個名字是「成長型思維」（growth mentality）。

什麼是成長型思維？

——相信困難可以透過學習和努力而有所改變，相信自己有無限潛力。

——相信「我不是不會」，只是「需要多練習」。

有成長型思維的人，不管在哪裡，都會一直往前。不管他在哪裡，只要他持續往前，總有一天會到達他想要去的地方。而建立成長型思維，需要時時刻刻透過體驗與省思。

想培養孩子的成長型思維，我分享幾個師長可以進行的方向：

師長自己要是一個有成長型思維的人

「我們這邊的孩子就是這樣」、「家長就是這樣沒辦法啦」、「現在的學生一代不如一代」、「能教多少就多少，其他的看他自己」、「他的家庭環境就是這樣，已經沒救了」……

我們對這些話語是否並不陌生？當然，教師偶爾發洩一下是健康的，但如果一直只有抱怨，那麼就像是坐在搖椅上，一直保持動的狀態卻無法持續前進。如果大人自己都沒有成長型思維，怎能奢望你的孩子勇於挑戰、願意嘗試、百折不撓？

也許我們可以換成這樣想：「我來想想看還有什麼方法」、「學生還不會是因為我還沒找到教他的方法」、「困難是用來克服的」、「我還可以做什麼嘗試？」、「這位家長很投入，我必須找到方法和他有效溝通」、「我相信這名學生可以找到成功的出路，無論他的背景如何」。只要一直相信，就會一直去做，一直去做就會成功。

注意每一句話和每一個意識流

教師在教室裡對學生說的每一句話都很重要。要敏銳的留意孩子的每個發言都是能量和意識流的給予。

我最常舉的例子是，當教師說：「今天沒做完練習題的人，下課時間禁止出去玩，留在教室裡看書！」這句話背後的價值觀是「看書是懲罰，是一件討厭的事」。教師的每一句話都是一個選擇、都是一次增強。如果我們的初衷是希望孩子看書，是否可以換成這樣說：

「先做完練習的，可以先去看書哦！」畢竟，看書是開心的事，是閒暇的一種選擇啊！千萬要留意話語的暗示，小細微往往帶來強烈的暗示。

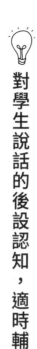

當孩子面對自己覺得困難的科目，試試看，將這句話：「你怎麼都不會？」換成：「你覺得自己卡在哪裡？」「嗯，不錯哦，概念懂了，但計算容易錯誤，我們一起來想看看，哪裡還可以更好？」

對學生說話的後設認知，適時輔導

教育是非常細膩的手工業，針對來自不同背景、不同個性的孩子，教師說的話可能完全不一樣。那麼如何知道孩子的背景和個性？要靠老師的愛和恆毅力。透過長期記錄與觀察、家庭訪問、每兩週和家長刻意聯絡一下等，於是你會知道，這個孩子可以稍微激一下，那個孩子從爸媽的期望入手會更有用、這個孩子壓力已經太大，再嚴格要求，他會崩潰……

更重要的是，留意當你與孩子談話時的後設認知。

班上有個孩子，拿到考卷後看見分數就開始大哭。仔細看他的考卷，有些是粗心、有更多是以前中年級概念不穩、計算基本功不夠。我陪著他哭完，接受他的失望和難過，先肯定他的自我期許和渴望，一起看見考題哪些是該會而不會、哪些是沒有學通而不會，幫助他看見自己的問題在哪裡，告訴他：「不是永遠不會，只是要多花時間。」再一起擬定計畫行動，時時關注狀況再輔導。每一句話，都是視眼前孩子的狀況而不同，承接情緒、提供事實、說出想法，對話需要非常專注的覺知和後設。

提供可操控的學習策略和刻意練習的路徑

常見老師本身都是優學者，對於學生提供的學習策略比較單一，孩子便無法進行自我刻意練習。像是常見粗心的問題，師長最常提供的方法就只有：要檢查、要細心！其實對於孩子幫忙不大，反而常常重蹈覆轍。

光從粗心分析，錯誤類型可能是：擔心時間不夠而快速亂寫、緊張心魔無法專注、計算速度慢、看題目容易跳躍、單位及跳題等。不同成因有不一樣的學習策略，無法單一解決。

進一步，老師提供具體學習策略：利用配速、先綜觀整張試卷從簡單開始、遊戲練習計算速度、筆畫題目摘要抓出重點、最後檢查單位及是否跳題等。任一項就有好幾種實際操作的學習策略，更提供具體指導語，讓學生自己可以刻意練習、評估是否進步。只要看見實際的進步，更可以提升學習信心。

長時間記錄

孩子經常會在當下挫折，卻忘記回顧一路走來的點滴。這時教師花上最寶貴的時間紀錄就派上用場，可以馬上帶孩子看見之前自己的學習狀況，再對比現在，讓孩子建立正確的歸因而不落入自卑，孩子頓時就生信心，相信自己可以做到、可以繼續往前。

結合家長和科任老師等孩子的重要他人

為了協助孩子建立成長型思維，我會心機到邀請孩子的科任老師和重要他人，大家一起來齊心促成。不過，有時難免會遇到觀念相左的科任老師，或是很難用理念影響家長，那麼就往後退一步思考：在有限的空間裡，有哪些方法能做出有影響力的事？只要孩子的周遭因子都是朝同一方向前進，推動的力量就會更大。

最後，我告訴那位孩子，我們來練習當被提醒要訂正時，先想：每個人都有做錯的時候，也都難免有缺點；有缺點不是什麼特別的事，很正常。當然，被人指正時難免會不開心，但我們可以這樣回應：

「太好了！我發現了一個缺點，我有機會可以改過。」

「雖然心裡不舒服，但真的是我的錯，試著改過或彌補，下次不要再犯就更進步了！」

「我要想想有什麼新習慣和動作，可以代替原來的錯誤。」

「謝謝老師告訴我錯誤，老師是為了我好。」

同時也會告訴孩子，如果有委屈要練習說出來，讓自己不要被誤會。

「你可以幫忙自己嗎？我知道你爸媽很愛你（孩子臉色一變），他們常和我聯絡，很關心你，我希望你也可以活出自己的生命，帶給你爸媽幸福。但嘔氣和這樣的處理方式，只會讓自己原地踏步，是沒辦法向前的，老師和你一起練習好嗎？」

「我想告訴你，你有好多優點。在學習的過程中，難免會發生錯誤，可是這些錯誤並不會影響你在我心裡的形象，也不會影響你是大家的好同學。你依然是那個原本的你，不會改變、不會影響我愛你。」

孩子臉上的表情鬆動了。我繼續說：

「你要記得，你是有價值的、值得被愛的。老師愛你，你也要愛自己。」

孩子臉上的表情變得柔軟了。於是我們再練習一次，下回再遇到同樣狀況，該怎麼思考、該怎麼應對，並請孩子重述一次重點。最後，孩子沒忘記向老師道謝，快速回到座位上認真地訂正。

這是一次成功經驗嗎？不，教師的職責就是始終扮演會等待、情緒平穩的大人，這僅是一次持續和孩子好好對話的日常。

時間切片　某個孩子的輔導紀錄冊

四年級。不寫功課、學習態度隨便。

五年級上學期十月。常和家長保持聯繫。放學常留孩子下來談話、協助完成功課。孩子說：「我可以寫完功課再回家嗎？」討論後，利用下課先做困難功課，常給勉勵。

五年級下學期五月。和同學常因一點小事就衝突，很容易覺得別人看不起自己、針對自己。老師持續每天和他對話。

六年級上學期十月。又因惰性，時常無法完成作業。約定每天九點前完成，完成後拍成照片傳給老師。

六年級上學期十一月。沒有完成作業常有藉口，老師詢問後給予空間，評估孩子的能力可以追上，決定給予自主空間，讓孩子體會功課對自己的影響，不再硬性每天留校完成。

六年級上學期十二月。常因為沒完成作業，故隔天上課理解不足，又因為聽不懂而生悶氣，評量成績也一落千丈。

六年級下學期一月。和他班同學起衝突，原因是覺得對方長期看不起他。

六年級寒假。補救教學讓他正視自己狀況，發現不寫功課對自己的影響，並開始補齊之前漏失的部分。同學也相約下課寫功課。

六年級下學期二月。寒假作業評比得到同學回饋為「敷衍了事」，因為沒有上次暑假作業的自主學習精采而深受打擊。但漸漸地已經能完成作業，會自己額外上均一平台練習。

六年級下學期四月。學習方面可以自己完成，只是常忘記帶作業來學校。對自己很有信心、覺得自己不會犯錯，然而雖然教導他作業完成後馬上放書包、上學前整理書桌等，但最後作業還是都沒有帶來，導致各科作業繳交狀況一團亂而對自己生氣。重新面談，詢問可以怎麼讓自己記得……

在教學將近二十年的過程中，我發現孩子的狀況常和師長的對應有很大相關，在孩子待在學校短短時間內，我選擇當一個相信、鼓勵、情緒平穩的大人，不斷讓孩子看見自己有能力做出改變，讓他相信，可以活出自己想要的未來，如果需要協助，在我能力可以達到之處，都可以有很多彈性。

只要觀念改、行動變、習慣建立，不管現在在哪裡，只要不斷往前，終究會有所成長。

Part4

07

跨越時間的限制

08

做一個不慌、不忙、不亂的師長，
祕密盡在於此！
觀點、方法對了，
師長也可以一面優雅、一面教養。

09

24

運用手帳

找出優雅教養的祕密

手帳的力量，滴水穿石！

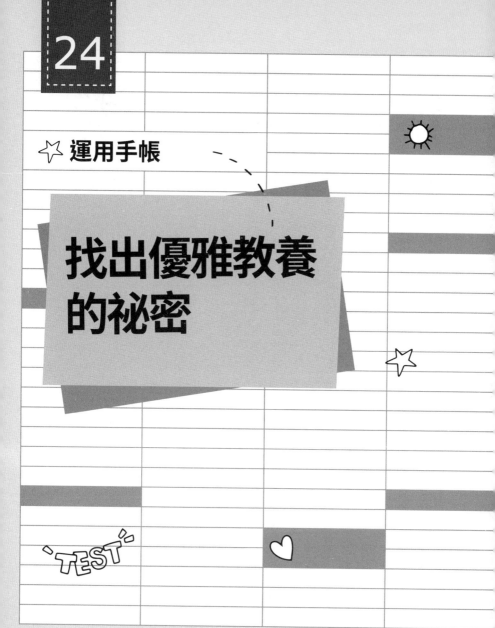

24

memo

運用手帳
優雅教養

許多朋友經常會透過寫電子郵件、臉書訊息，詢問我有關教學或孩子學習的問題，而不管發問者是同為育有幼兒的媽媽、參加講座的家長，或是快要退休的教師，問題排行榜第一名都是「時間管理」。大家說我平時好像都沒事般的晃過來、晃過去，但事情似乎都有小精靈幫我做好了。

但事實上，時間無法管理，不管如何它依舊會流逝，我們真正能管理的，其實只有自己。且時間有個祕密，當你情緒平和，將時間花在有意義的事情上，你經驗的感知愈多，愈會覺得時間變慢了，你便可以在後設認知上享受這一切，走慢你的時間。

要管理自己，首先要讓想做的事情變得可以評估、衡量，那麼就需要「紀錄」。人的記憶是靠不住的，俗話說：「最淡的墨水勝過最強的記憶。」因此在帶領班級時，系統性的紀錄就是最大的管理利器。

其實在班級中，不管什麼樣的紀錄都只能是冰山一角，思考著重的是什麼，紀錄就在哪裡。對於教師來說，平日面對的事物超級繁雜，因此凡事需要預先計畫，我其實只有用幾本空白的「學生用聯絡簿」，就可以全部搞定。

用班級聯絡簿當作教師行事曆

期初時，我會準備一本空白的聯絡簿，在封面寫上年度和教學年段、行政工作，接著在內頁寫上整個學期的日期和放假日。會焦慮是因為擔心，擔心不知道要做什麼、擔心事情做不完，但有了這樣的聯絡簿，就可以把一學期該準備的事情寫下來，提前排定進行的時間，然後按表操課、一一做完，就會很安心了。

接著在聯絡簿前方貼上學校行事曆和課表，然後在課表每日空堂標示出可批改作業一節課的時間、休息喘口氣的時間。如果當天課程比較滿，前一天的作業量就可以出得比較少；如果當天科任課老師的作業量可能會比較多（像是英文、社會、自然科），那麼也要稍微斟酌當天的作業量。

我通常會翻開最後不需要使用的一面，當作是作業的安排頁（見別冊：一週作業規劃表），先抓出一週間按照課程進度每日必要的功課內容，先把必須要做的簿冊功課連進去，如習作、作業簿等，其他再看情況增添，給予彈性。至於02〈開學前：帶班計畫，心裡有底〉談到的打掃區域、班級幹部和午餐工作等，我也會縮印成一份黏貼在聯絡簿前方，一起計畫、隨時翻閱檢視。

接下來會拿出學校一個學期的行事曆，把重要行事填入當天方格，再思考怎麼拆解成小單位。像是運動會，可能會有運動創意進場、各項競賽預賽、預演、海報設計等工作，我會提前思索可能需要事先準備的工作有哪些，例如：搜集創意進場資料並設計、預賽準備時間、因應運動會預演，課程進度需要事先調整等，接著把這些預定工作預留多一點時間，提前填入每日的方格。

所以當一個學期中有許多活動，像是母親節卡片製作、端午詩歌創作、畫我校園比賽、畫圖比賽、中廊布置、畢業小書等，我通常都會提早三個禮拜寫在功課欄開始思考進行方式，提前做準備，到時才不會既緊張又疲累，不僅可以提早交給學校，還可以提醒學校某兩個活動時間衝突。是不是很心安呢？

接著是老師自己的行政工作、要繳交的作業抽查、擔任導護的週數、要參加的研習日期和主題、學校宣導事項、學生要參加的活動、臨時要繳交的表單文件，也一一事先規劃填入，做完就刪掉。親師留言板可以規劃要上課的內容。如此一來，雖然要做的事情多如牛毛，但一件件都規劃在這本班級聯絡簿裡，配合當天的空堂和學生的作業，日日都很安心。接下來要做的，就是把一件件事情做完劃掉就好，多簡單又多紓壓啊！

還有，之前提過的教師要保持和家長的溝通，我通常會每隔兩週在聯絡簿寫上「看見孩子的亮點」，像是具體列出孩子的進步、值得欣賞的地方、其他師長對這位孩子的感謝等，提醒自己不要忘記遺漏，也讓家長一起參與孩子的成長。其他像是實施跑步計畫、班級品格主軸、閱讀書報、行動學習數位引入、功課樣貌改變方式、教導筆記策略、發放自我複習表、反思複習計畫、思考寒暑假作業等，凡事用想的容易隨風而逝，一一寫下、填入方格中，就會循序漸進完成。所以學校老師常說我看起來不慌不忙，祕密就在此啊！

最後，我會把從任教第一年以來的班級聯絡簿都留下來，不管接下來要帶幾年級的班，不管是作業的份量或是種類，都有以前的做法可以參考、反思，還可以繼續往上進化，這就是手帳的力量，滴水穿石！

檢視學習狀況的訂正聯絡簿

孩子作業本上的錯誤，往往能呈現學習的軌跡，是老師需要去研究的寶藏。錯誤呈現出的可能是孩子學習上的迷思，也許是一時粗心，也許是教師教學時的盲點。但令教師頭疼的是，一個班級每天一個孩子會繳交五、六本作業簿，乘以班級人數約三十人，這樣龐大的資訊量，教師該怎麼做孩子訂正狀況的記錄？

常見有些老師會將尚未訂正完畢孩子的號碼標示在黑板上，可不小心就會被擦掉以外，還會占用許多黑板空間，更容易占去孩子的注意力；也看過老師使用額外的小白板，讓訂正區獨立出來。還有老師會將全班

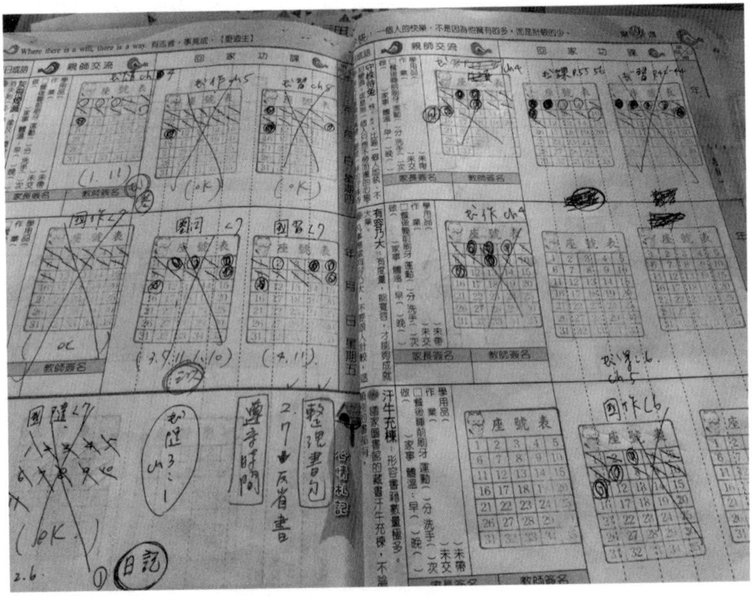

在空白聯絡簿中每日方格蓋上號碼章，學生訂正狀況一目了然。

號碼打成一張表格，護背後貼在黑板上，讓孩子訂正完畢後刪掉號碼，頗有過關的快感。

而我長期以來都是使用一本空白聯絡簿，期初便在每一頁寫上日期、蓋上全班的號碼章，每天最多五個號碼章，表示當天不超過五本作業需要訂正。當孩子拿作業來檢查訂正時，就用藍筆刪去那項作業號碼章上孩子的號碼；當發現有孩子普遍錯誤的題型，就直接記錄在下方，提醒自己格外留意，是否進行教學修正。

通常孩子不會在同一時間內全數訂正完畢，而到了第二輪才訂正完成的，我會使用黑筆記錄，方便自己事後查閱時，更深度了解每個孩子的學習狀況。等一週過去，我會再全部檢視一次，看看還有哪些孩子未訂正完畢，探究孩子是各項作業缺交情況普遍嚴重，還是某一科需要額外補救？是上課時的學習效能太差，導致錯誤太多？或是孩子需要多一點時間做功課，那麼老師可以從源頭減少功課，讓孩子先重拾信心。總之，小小記錄都可以幫大忙。

經過一段時間的累積，一翻開訂正聯絡簿，馬上就可以看出全班孩子在不同作業上的表現，我也通常會在段考前進行「大清查」，沒有訂正完畢的孩子不能參加段考後的歡樂活動。一方面抓緊時間補救教學，另一方面也讓比較懶散的孩子加快腳步。說也奇怪，每次這樣宣布時，孩子馬上清光訂正，真的是很神奇呢！

孩子忘記帶聯絡簿時的備用簿

常有孩子到了學校，才發現忘記帶聯絡簿，這時我會準備一本公用的備用聯絡簿，讓孩子在內頁寫上姓名和今天日期，等回家後再抄錄作業到自己的聯絡簿上。在備用簿上若常常看到同一個孩子的姓名，就表示要留意孩子是否是健忘，還是另外有隱情。

運用手帳，不僅能為自己預先規劃與妥善思考，倘若好好善用這項工具，更具有第二大腦的效果，就像是外接硬碟般可以分散記憶的負荷，幫助我們減低焦慮。更不可思議的是，長期累積起的手帳更像是時光機器一般的神奇，帶領著我們看見過去、立足當下、放眼未來，協助我們看見班級裡重視的各項價值。

家長看過來

帶著孩子善用工具，學會時間分配

身為三個小孩的媽媽，我經常是家事、公事兩頭燒。偏偏我又是超級控制狂，對於生活，我通常會進行三年計畫；我執行力也很強，大約七〇%想做的事情都會去做。到底我是如何做到？

★**善用各種行事曆：**如果是家庭的時間規劃，我會建議運用Google行事曆來掌握不同家庭成員的事項，不僅一目了然，也方便彼此配合。我也會運用紙本行事曆來規劃孩子特殊行事，我通常會使用甘特圖、一週時間軸和空白頁三種，將自己和孩子的資訊做整理。例如在甘特圖上利用不同顏色代表三個孩子，因此不管是哪個孩子的接種疫苗、家長日、校外教學、才藝時間、英文共讀進度，很容易一手掌握。

★**運用計時器**：孩子在家寫作業很慢、容易分心，是家長普遍常感困擾的問題。我建議可以利用計時器讓孩子學會專注、培養時間感與目標感。像是預計十五分鐘內完成功課，先調好計時器，讓孩子感受時間流逝的速度。至於最後有沒有在目標內完成都沒關係，重點在於讓孩子對於功課份量和自己執行的效率有感覺；通常規劃失敗的人，是對自己完成速度、所需時間沒有感覺。因此只要循序漸進，寫作業速度慢的狀況就會漸漸改善。

★**小白板妙用大**：將時間表寫在小白板上，並放在大家都看得到的地方也是我常用的方法。一天的規劃使用小白板，一個月的規劃使用月曆，讓時間具象化，當孩子「看到」每日行程，有利實踐也方便進行討論。例如假期時，和孩子討論今天要做的事情並寫在白板上，然後引導孩子說說看，白板上最重要的事情有哪幾件？

舉例來說，當孩子在白板上寫下：回家要騎腳踏車、寫功課、吃飯、洗自己的碗、看書等。當孩子回答：「最重要的事情是先寫功課。」家長可以詢問孩子：「那麼如果寫功課寫到天黑時，還能出去騎腳踏車嗎？」藉此引導孩子因應不同時空去思考、調整與選擇。就算規劃失敗了，也是很珍貴的學習，孩子更能清楚知道重要事物的價值與排序，進而學會善用時間。

25

建立教學檔案

記錄、交流
帶來成長進化

TEST

努力活出更好的自己！

行有餘力，也希望世界因為有我，變得更好！

______ / ______

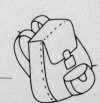

25

memo

教學檔案

進化成長

教學檔案，是指教師對自己教學歷程的記錄。凡是重要的，皆需記錄。藉由有計畫地搜集在教學過程表現及學生學習成果，不僅呈現出真實脈絡，更能省思、提升教學、幫助對話。想精進教學的老師，千萬別輕忽了教學檔案。

寫部落格記錄教學筆記

我在《從讀到寫》裡，數次談及部落格對我的意義非凡。因為部落格，讓我在遭受委屈、挫敗和痛苦時，可以透過書寫來宣洩情緒並歸零思考，再次看見自己「希望孩子可以更好」的想望而重新出發；讓我透過部落格中的記錄與省思，找到自己的教學脈絡與方向；讓我從時間累積之中，明白學習曲線短期間上上下下是很自然的事，因而能拉長時間軸，將目光放在孩子的長遠發展，安心於當下，為未來找到努力方向。

同樣一個班級，有老師可能會想：「一堆人不交作業，交來也都亂七八糟，還有人單字只能背一個，真是無力。」但透過部落格，我看見孩子在時間脈絡中的變化：「剛升上高年級時，班上有八個人出現習得無助感，總是上課發呆、回家不寫作業。一個月後，每個人都會交作業，只有少數偶爾漏交。過去習慣放棄的孩子，現在每天都有自己的進度，雖然人家背五個單字、他背一個，但之前是一個單字都不背，現在他是扎扎實實地的主動來找我，還來問我怎麼唸，真是長足進步！雖然路還長，但中場覺得很欣慰。」

在我創立部落格以來，收到許多新手老師、國中老師、海外家長、甚至是作家的來函感謝，是我始料未及的。我起初只是記錄自己的教學，之所以選擇公開是想給自己一點「要把它寫好」、「要讓別人看得懂」的壓力。沒想到這些教學記錄竟可以影響別人，使得自己後來下筆時多了一分謹慎。部落格還有助於老師間的交流與溝通，請育嬰假時，接替我指導語文社團的老師原本十分苦惱，我就跟他分享之前寫的十幾篇語文社團部落格連結，他馬上喜出望外，後來順利在我之前的基礎上繼續深入。對我來說，在部落格收到的禮物實在太多，沒有親身投入很難想像得到。

部落格結合了照片、錄影、臉書等形式，還可以書寫長文教學省思等，不論是再次搜尋、與其他教學者分享對話都相當容易，我覺得是最適合老師建立教學檔案的形式。

我在二〇〇七年創立個人部落格「怡辰的教學日誌」，當時是受台中市大元國小蘇明進老師的影響，想效法他記錄教學點滴，來提升自己的教學與反思。歷經幾次搬遷網站，直到現在，全部紀錄都還完整保留著，從剛開始時只有文字紀錄與簡單的教學流程，漸漸加上了照片與省思。之後隨著刻意練習，發文章愈來愈頻繁，涵蓋的面向也日益加深加廣，脈絡逐漸長齊，更可以看見時間的規律。本書的書寫，就是以部落格做為資料庫，看見多年來積累而成的時間規律和細微之處，建立起大部分的架構和根基。

仔細觀察在教學上有源源不絕能量的資深教師，其實都有長期寫部落格記錄教學的習慣，例如蘇明進老師、張崴崙老師、溫美玉老師等，都是能不斷記錄、不斷省思而跨越、不斷成長的教育先進。

在寫部落格時，我會特別針對以下幾個部分做記錄：

★**注重反思和教學當下無法明顯觀察到的部分：**像是對孩子的情意與思考、對全班的整體性觀察，都會漸漸變成自己的後設認知。像是在記錄語文社團教學的文章中，我發現有個孩子常答非所問、唸讀也不流暢。在上了幾次課後的紀錄中，可以發現孩子都漸漸有進步，尤其利用遊戲賓果，可以激發起他們的動機，每個人都想回答。這些都是在教學現場當下可能忽略的點。

找到了點，接下來我就特別使用遊戲，從詞彙變化較少的基礎開始，設計加強閱讀流暢性及詞彙擴充的練習。教學則由從學生起點行為、設計課程、課程進行、省思、再回饋到設計課程，一次一次的循環，從點線而全面的教學，才能讓孩子集中刻意練習、不斷累積。相反的，若是東一點、西一點教學，孩子無法精熟練習，一切很快就又會消逝在空氣中，下次老師發現別提素養，連能力都沒有，又得要從頭教起。這些都是有記錄、有省思才看得見的細微之處。

★**記錄教師研習的心得**：只要我參加研習，都會想辦法用文字加照片記錄在部落格上，留下研習的精華，方便日後閱讀。學習不是聽過一次就可以上手，往往需要記錄過後不斷嘗試與實作。在部落格上寫完研習心得紀錄後，我習慣寄送一份給講師，一來回饋講師用心準備與分享，二來則是請講師指點我是否有認知錯誤的地方，三來日後還可以繼續請教實作時所遭遇的困難。根據我的經驗，大部分講師都很願意熱情的持續交流，讓我跟在強者身邊不斷學習跨越，以致後面學習速度愈來愈快！

運用臉書寫下教學札記

相較於撰寫部落格需要較長時間，臉書則是小而美的隨手札記，是很方便的記錄管道。我通常每天會利用臉書寫一則教學紀錄，當成自己的教學札記。可以事先思考有哪幾個特別需要記錄的方向，時間累積後就會留下這學期的足跡。臉書上看到其他教師相關優質教學文章也可以儲存，當成教學資源。

例如若想要記錄自己的數學教學，可以在臉書設定一個相簿，每天花上幾分鐘，把有關數學教學的，不論是學生作業、上課呈現或討論情形，配上簡單文字敘述發文放入相簿中。當一次考試過去，不僅可以從中看見教學軌跡，更可對照評量結果，看看教學時哪裡需要加強、如何更妥善分配時間，提升教學效能。我自己記錄會以「給下一次要做這件事的自己」為對象出發，想想哪裡特別會疏漏或忘記，以免寫下來後自己都看不懂。

如果不習慣在臉書上公開分享，也可以選擇鎖文不公開，但我覺得非常可惜。例如有些教學領域我原本並不擅長，但因為常在臉書和教學社團裡分享平日教學紀錄，開始認識許多優秀的教師朋友，進而接近優秀教學者的日常。看看他們正閱讀哪些教學專書、讀讀他們的教學紀錄、聽聽他們對教學的內在反思，這些交流與分享都是讓我近年得以快速成長的養分。有疑問時可以隨時透過臉書立即交流詢問，入寶山滿載而歸。更重要的是，有時教學難免疏漏，這些高手們就會翩然降臨，輕輕點化幾下。哇！我常覺得這根本是一對一線上教學專業家教班。

我們常告訴孩子「要有好奇心，不要怕犯錯，犯錯是成長最快的捷徑」，我這樣說，也這樣做，最後雖然台上還是只有我自己一人，但背後就像是有各界最厲害、最強大的老師為我的孩子們上課。如此，我的孩子還能不好嗎？

用照片、錄像檔自我檢視

不同記錄方式，有著不同的特色與功能。相較於文字紀錄，照片和錄像檔可以留下教學時沒注意到的現場細節。拍照是非常簡單的記錄方式，可以有效留存絕大多數活動精華。如果拍照目的是要讓孩子日後當成回憶留念，要記得每個孩子都要拍攝到；如果是老師想當成自己的教學紀錄，則無論是教學前、中、後，包括設計課程、活動準備、活動進行、事後回顧與省思，都需要先想清楚記錄目的，再有意識地進行拍照。

曾聽教學前輩傳授精進教學之道，最好的方式就是錄影。當為教學或公開觀課留下紀錄，不管是口頭禪或教學上的盲點，都能在事後進行自我檢視。但錄影前需要先仔細考量各個面，教學時需要分神攝影取景，教學後則需要花時間再次觀看檔案，整體時間成本明顯較高、儲存空間較大，要長期持續錄影也較為困難。

從文字、照片、錄影、部落格到臉書，善用各種不同記錄方式，可以幫助老師冷卻自己的情緒，重新歸零思考。長期積累的紀錄就像是台時光機，讓我們穿梭自如地觀察和檢視自己，看見自己怎麼走到這裡，思考如何帶孩子走向未來。

建立教學檔案並非為了評鑑或得獎，目的不是和他人比，而是和自己比。透過記錄，勇敢面對自己，省思教學專業、看見更重要的價值，進而超越自己。透過記錄，剝除當下情緒干擾，看見孩子的真實成長與不同時期需要，進而提供協助。

面對時間，教學檔案能讓教師看見過去的努力、現在的真實情況，最終自然浮現出未來的藍圖。從過去、現在到未來，路竟變得無比清晰。天道酬勤，勤於記錄的人，才會收到時間帶來的禮物。

家長看過來

善用資訊工具，自動記錄

我自己也是工作忙碌的家長，很能理解回到家完全沒電的處境，但任何成功都無法彌補家庭的失敗，我把重要價值交給規劃和習慣。因此我除了將重視的價值排入每天放學後日程，像是親子運動時間、和孩子對話、每天固定睡前共讀，我都尋找最簡單、不需過多傷神的方式來自動記錄。

像是我會將拍攝的家庭照片設定自動上傳雲端，照片按照日期會自動排列，就像是在寫家庭日記。每當孩子無聊時或每隔一段時間，都可以隨時拿出來一同觀看，不僅能和孩子重溫回憶、重述當時過程，家長也可藉此檢視一段日子的生活模式。親子一同運動時，也可利用手機記錄下運動時間、距離、速度、心跳等，長期累積紀錄之下，也非常方便日後做檢視。

如果孩子長大些，就讓孩子學習記錄。家長學會偷懶，將責任下放，孩子就會成長。讓孩子學著填寫紀錄，像是準備月曆讓孩子記錄今天運動的時間、今日共讀的書名，旁邊以幾顆星表示評價。讓孩子明白紀錄的重要價值，也讓孩子體會每天記錄看見時間印痕的改變，建立起記錄的習慣與能力。

其他像是讓孩子寫部落格順道記錄寫作歷程、出遊時利用臉書寫遊記，旅遊時擔任財務管理、記錄花費開支……你怎麼栽培自己，就該怎麼放手讓孩子去做。

部落格、臉書、照片和影片、手帳；夢想、健康、運動、飲食、共讀、金錢、學習、時間、對話、情感……；你重視什麼、你想精進什麼，重要的價值在哪，紀錄就應該在哪。用紀錄，讓時間幫你帶來複利的改變。

26

學習歷程檔案

讓學生看見來時路

TEST

透過整理，可以了解自己；
看見內心的信念，迎向未來！

26

memo

學習歷程檔案
看見來時路

凡是人生中重要的事物，人們都喜愛將其化為數字來衡量。我們藉由記帳，衡量所擁有的財富；透過時鐘上的指針，衡量一天的時間；經由記錄體溫、血糖和體重，衡量身體是否健康。然而，當我們想要關心的是孩子的學習態度、學習動機和品格德行，光靠成績，就足以做為衡量的標準嗎？

顯然，成績並不足以代表孩子的一切價值。因此，我們需要透過「學習檔案」記錄孩子在成績之外，看不見的珍貴。在學期初，我會為每個學生準備一個活頁學習檔案，放在學生檔案及置物區（請見03〈環境對習慣和性格影響深遠〉），書包裡也會準備一個四個隔層的資料夾，方便孩子放入紙張性的作業、通知單和考卷，當成暫存區使用。等過一陣子，暫存區的資料已經不會再使用了，就可以移到活頁學習檔案裡。

在搜集學習檔案的過程中，孩子會漸漸累積大量的資料，像是單張的新字學習單、老師發放的各種學習資料、作文運思引導單、單篇作文、補充資料、複習計畫、日記等，也因此，利用大本活頁學習檔案才能容納整理一年以上的資料。

建立使用學習檔案的習慣

收納整理是每個孩子從小就需要建立的習慣。剛開始，我會帶著孩子一起學整理。例如：書包、抽屜、桌墊下、鉛筆盒，依照各樣物品的使用頻率和重要性，思考該放在哪個位置以便拿取。學習檔案的整理時機則可以等到定期評量之後，讓孩子用自己的眼光去思考這些資料的去留意義。

當孩子開始整理資料時，常興奮地從翻閱資料和過去的自己相遇。有人看見從前生澀的作品，會忍不住停下來仔細閱讀了起來；有的看見自己從前的作品，開心的哈哈大笑說：「我以前怎麼會寫成這樣？」有些孩子看見自己曾因犯下過錯後寫下的省思札記，有感而發的說：「我那時是『卡到陰』吧！」

點點滴滴，孩子都可以從中看見自己的成長，更重要的是去思考：怎麼從「彼時」走到

「當下」。無論是閱讀第一次寫給自己的信、第一次做的複習計畫、第一次寫的日記、第一篇作文，資料愈是詳實記錄，就愈具有意義。

而在孩子決定資料去留之際，其實也有很多可以觀察的細節。用心書寫的作品，因為付出了時間和心力，開始變得有意義，孩子會珍惜收藏留念、一份份收進學習檔案裡：藝術人文的草稿、老師的眉批、隨手畫下的心智圖、同學給的寒暑假作業回饋、數學課幫忙同學得到的感謝信等。相反的，時常敷衍做完作業的孩子，便老大不在乎地將其一一回收。

每個孩子的學習檔案同中有異，把過去做有意識的系統化累積及整理，其實可以看出孩子的專長和喜好、歷程中的學習和進步，瀏覽實際的證據，也可以回饋到孩子的自我觀感：

「原來我一直這麼努力啊！」

「我老是覺得自己不好，這樣看來我也是有進步呢。」

「這麼一大本由我獨立製作的學習檔案！老師，我好有成就感啊！」

「沒想到，我也可以寫出這些文字，我都已經忘了……」

每次整理、每次翻閱、每次思考，其實都在不斷後設認知自己的學習狀況，和不同時期過去的自己相遇，然後更重要的是，他已經開始「在心中描繪未來的自己」。

常在新聞上看到大考過後，孩子會將疊得比自己還高的教科書參考書拿去回收或燒掉，我每次看到這樣的新聞，總覺得毛骨悚然。如果學習被擠壓成考試填鴨成績壓力，孩子一「出獄」當然就希望焚燒掉傷害他的象徵。可，學習不是為了未來的生活嗎？知識不是應該讓人樂在其中追求嗎？

在整理過最後一次考試後的學習檔案後，其實常常伴隨著教科書回收。在一個學期練習學習的過程中，我不太會干涉太多，因此孩子有時會把重要的資料回收，而這個錯誤的過程，其實很珍貴。因為犯錯，所以下次會珍惜。思考「我未來會用到嗎？」「接下來，我希望最後可以有怎麼樣一本的學習檔案代表我自己？」

漸漸的，我驚訝的發現，孩子在回收教科書時會將重要的簿本留下：

「這個很重要，我要留下來！」

「單字表要留下來，我常忘記學過哪些單字！」

「數學單位關係以後會用到，這個表格整理得很好，我可以撕下來放進學習檔案嗎？」

「我很喜歡這個科目，我要整本留著。」

這些反應原本不在我的預期當中，但我樂見發生，因為孩子已經懂得思考「未來」，學習檔案也更有自己的特質和反思了。

做一本「小書」，檢視學習檔案的成果

前面提到建立學習檔案，孩子仍以被動完成的成分居多，而「小書」則是更有創造力、參與度、省思成分的學習檔案。不管哪個年段，在送別孩子到下一個學習階段的時候，「小書」都能做為檔案評量的總檢視和回憶整理，讓孩子看見這段時間裡，自己的成長、和之前的自己相遇、描繪更清晰的未來自己。「小書」正是我想送給孩子迎向未來最重要的禮物。

一本A4大小的手工書，從無到有，全部由孩子自己手工打造。在藝術與人文課當中製作完整本書封面和內頁，老師再提供架構：自我介紹、家人的話、低年級生活、中年級生活、高年級生活、閱讀大小事、自助旅行或校外教學、和朋友點滴、三十年後同學會寫未來期許、自選回憶留大篇幅主動建構想記錄的部分、夢想和期許、畢業小詩和師長的話。

內容則是反覆閱讀學習檔案裡的兩年日記、祕密日記、作文等，從中摘錄、參考老師給的架構，寫出草稿後，再和老師討論，修改錯字而完成。常常歷經一個月的時間製作，最後貼上相符的照片和美編，每個孩子都能完成這五千至一萬字的「個人六年回憶錄」。

練習濃縮六年對自己的意義，時間會因此顯得有價值，過程中也需要不斷思考：到底哪些對自己是重要的？從中我有沒有更加認識自己？哪裡是自己想去的地方？我喜歡什麼？

我的想法是什麼？過程中不斷「看見及思考不同時間軸上的自己」，不斷累積能量。

不同的學習檔案，都讓學生主動有意識地參與自己的人生，濃縮時間後，不斷地看見過去、現在、未來的自己，這段時間裡的努力和惰性、毅力及放棄、想望且失望……看著學習檔案，誠實面對自己這本「尚未劃上句點的傳記」，抬頭時充滿希望的發現，傳記的句點還未畫上，而撰寫的筆，就在自己手上。

家長看過來

和孩子一起親手製作相片書

身為家長的我和大家都一樣，對於孩子每學期的不斷「自動繁殖」的各項簿本、作業、藝術創作等常感到束手無策：堆著占位置，丟了又覺得可惜。後來我思考學生學習檔案的理念，終於找到一個兩全齊美的好方法。

如果是孩子珍視的作品當然要留著，但如果過一段時間孩子覺得可以回收，當家長的我就負責幫作品拍一張「遺照」，並整理進電腦裡一個名叫「歷屆作品」的照片資料夾中，即使作品回收了，仍能為孩子留下回憶。

至於旅遊、成長大紀事、某年的特別回憶、暑假的生活回憶錄等，如果認為具有珍藏的價值，不妨帶著孩子一起親手製作一本「相片書」。現在「相片書」的製作介面相當簡單易使，只要把相片上傳到網站，通過編輯介面，加上圖案和文字，就能印製成冊。只是「相片書」的製作費用較高，需要衡量一下家庭經濟狀況做考量，或是剛開始也可以選擇印製小開本、小規模本數的「相片書」。

剛開始孩子製作「相片書」的水準一定不高，卻是讓孩子學習的好機會。等製作完成後，親子再一起討論哪裡可以更好？怎麼選擇照片？怎麼撰寫出適合的文字？想一想，是不是很像一本另類的「學習歷程檔案」？

一本「相片書」不僅能成為家族重要的共同回憶，也是家人最常閱讀的書籍之一，像我們家常翻看相片書，提到「那次有趣的花蓮之旅的細節」，宛如昨日，氣味和陽光溫度尚在，但一看時間，已然十年。

重視孩子的你，一定知道這種感覺，將時間停在美麗回憶的一刻，時時擦拭、隨時喚起，讓情感在過程中流動，走慢了我們的時間，成為此生永恆的意義。

學習與教育214

小學生年度學習行事曆

班級經營×教學備課×親師溝通，一本搞定！

作者｜林怡辰
責任編輯｜楊逸竹、黃麗瑾
文字校對｜魏秋綢
美術設計｜FE設計
內頁排版｜立全電腦印前排版有限公司
行銷企劃｜林靈姝

天下雜誌群創辦人｜殷允芃
董事長兼執行長｜何琦瑜
媒體暨產品事業群
總經理｜游玉雪
副總經理｜林彥傑
總監｜李佩芬
行銷總監｜林育菁
版權主任｜何晨瑋、黃微真

出版者｜親子天下股份有限公司
地址｜台北市104建國北路一段96號4樓
電話｜(02)2509-2800　傳真｜(02)2509-2462
網址｜www.parenting.com.tw
讀者服務專線｜(02)2662-0332　週一～週五09:00~17:30
讀者服務傳真｜(02)2662-6048
客服信箱｜parenting@cw.com.tw

法律顧問｜台英國際商務法律事務所　羅明通律師
製版印刷｜中原造像股份有限公司
總經銷｜大和圖書有限公司　電話｜(02)8990-2588

出版日期｜2020年 8 月第一版第一次發行
2024年 9 月第一版第十次發行
定價｜480元
書號｜BKEE0214P
ISBN｜978-957-503-657-7（平裝）

國家圖書館出版品預行編目(CIP)資料

小學生年度學習行事曆：班級經營×教學備課×親師溝通，一本搞定！／林怡辰著 -- 第一版 -- 臺北市：親子天下，2020.08
320面；14.8×21公分 --（學習與教育；214）
ISBN　978-957-503-657-7（平裝）

1.親職教育　2.學習　3.初等教育

528.2　　109011419